할아버지 할머니의
사랑이 넘치는
손녀들 이야기

심현남 글과 사진

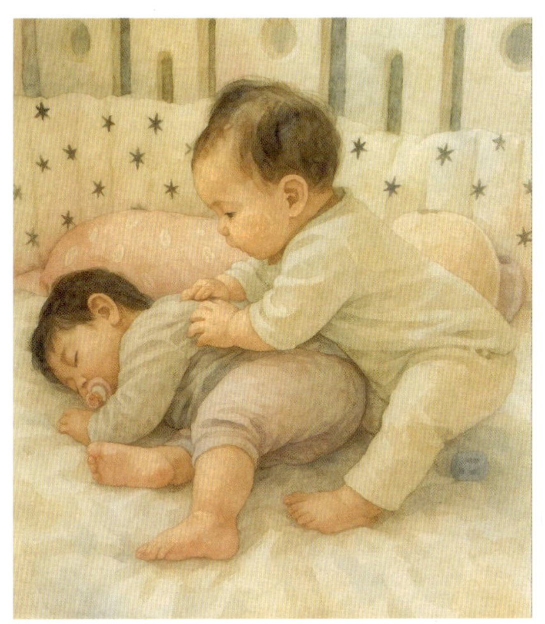

도서출판 한글

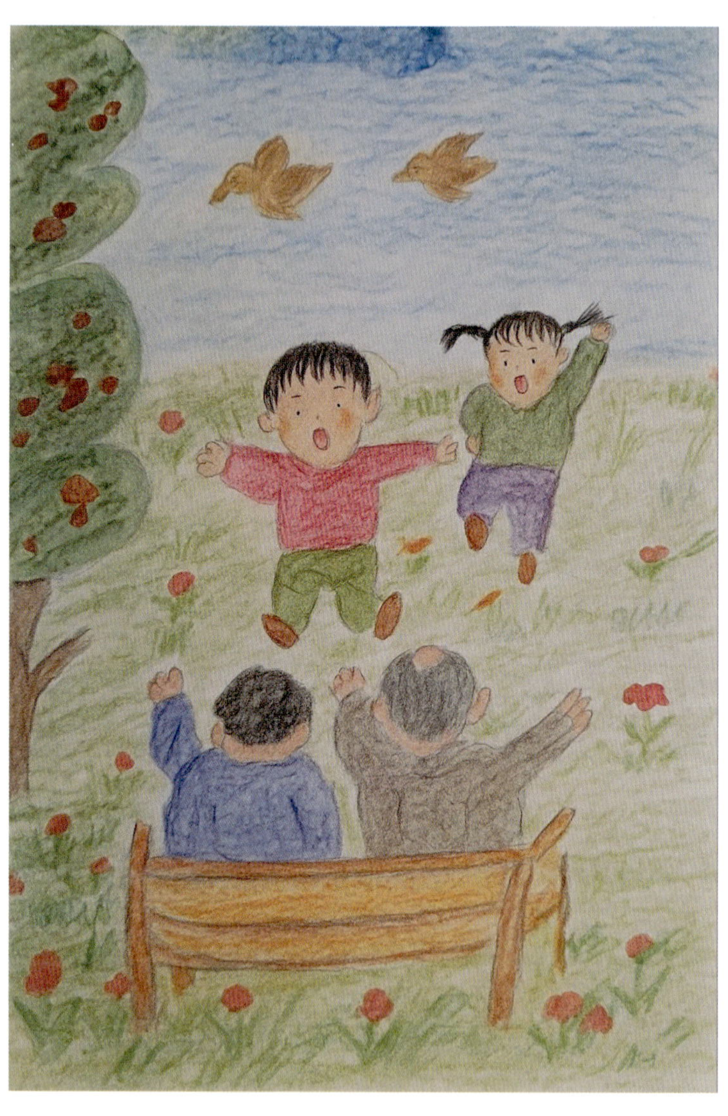

내게도 이제는
'할아버지' '할머니' 하고 부르며 달려오는 두 손녀들이 생겼다.
이 얼마나 듣고 그리던 '할아버지' '할머니'란 호칭이던가!
오랜 세월 어두운 새벽을 깨우며 하얀 몸을 태우는 촛불을 밝히며 기도했던 노부부의 소망이었나!
세상에서 가장 듣기 좋은 '할아버지 할머니' 하고 부르며 품에 안기는 손녀들, 한없이 귀엽고 귀한 보배, 귀한 하나님과 조상님의 크신 축복에 감사드리며.

2025 8. 8.
- 손녀들 출생을 환영하며 -

목 차

책을 내면서······ 3

1부 첫 만남······ 9

첫돌을 맞이하며 ······11
기쁨의 날······15
첫 만남······17
웃음보가 터졌네······19
둥개둥개 두둥개······20
손녀들을 만나며······22
아름다운 계절에······25
와, 할머니 할아버지다······26
할머니는 척척박사······28
오늘도······29
합장한 손······30
여행······31

2부 잘 했군 잘 했어······33

자장가······35
제일 좋은 것······36

38······그녀와 함께 춤을

40······세상 무엇보다 더

42······누구를 닮았나

44······잘 했군 잘 했어

46······지혜놀이 건강 놀이

49······첫 아픔

51······맛의 감정사

53······오늘도

54······귀여운 심술

57······긴 시간

59······너희들로

61······할머니의 18번

63······이모

65······행복한 웃음소리

67······3부 중계방송 중

69······참 다행

70······외계인이 아니란다

73······질투

75······와! 걸었다

77······포로

중계방송 중······ 78
그렇게 나아가라······ 82
응답하셨네······ 85
자장가······ 87
참사랑 열매······ 88
할아버지 눈사람······ 90
너희들이 보약······ 92

4부 할머니는 달려간다······93

봄길······ 95
카톡에서······ 96
긴 하루······ 98
우리는 자매······ 99
자장가······101
할머니는 달려간다······102
떼쟁이들······103
그네······105
사랑 한 알 정 한 알······107
포로······109
사진 찍기······110
즐거운 우리 집······111
더 즐겁고 행복한 것을!······113

114……봄맞이

116……본성

117……부모 마음

119……내 동생

121……감사 감사

123……기다림

124……90살 까지만

126……동그라미 미소

128……인생 큰 선물

129……유치원 가는 길

131……사랑하는 손녀들아

133……바다 이야기

135……손녀들아

137……인생 큰 선물

138……책을 펴내고

1부

첫 만남

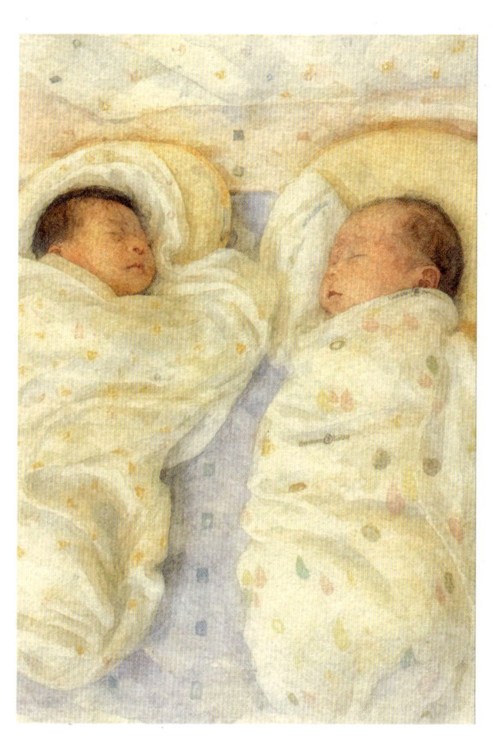

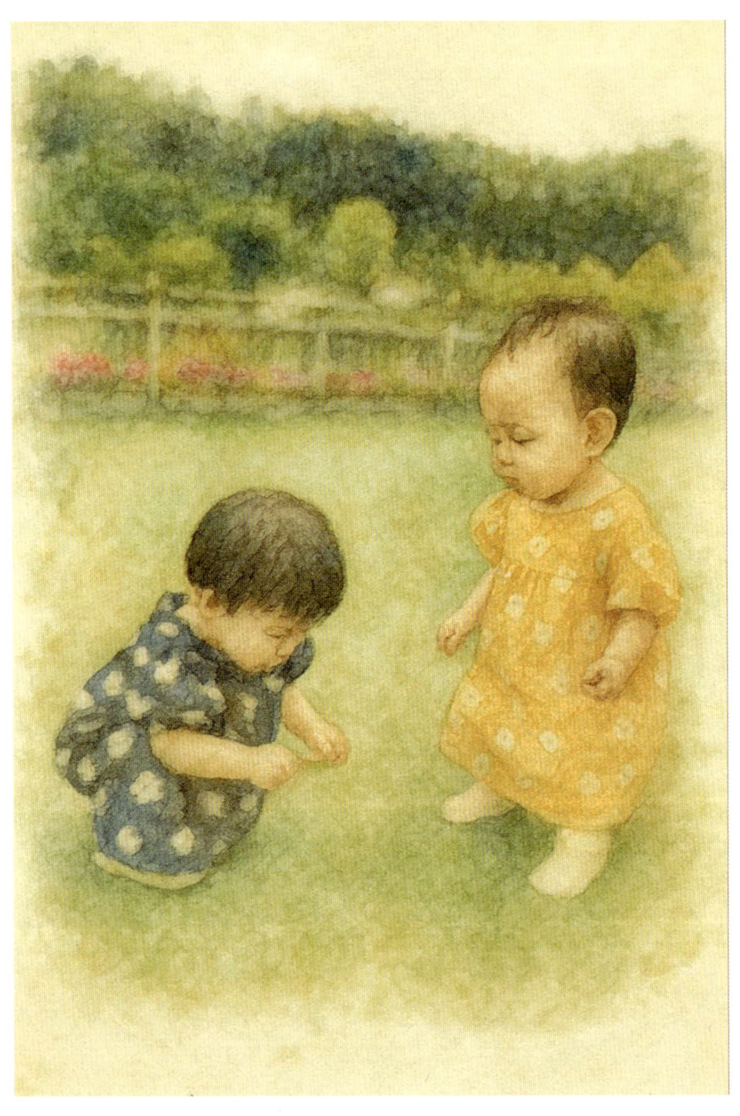

첫돌을 맞이하며

푸른 오월!
파란 하늘 문이 열리고
황금빛 햇살이 땅위에 가득 내리고
꽃구름이 한가로이 떠다니며
새들은 높이 날아 즐겁게 노래하네

산마다 푸른빛이 물들어나가고
들에는 형형색색 꽃들이 피어나고
벌 나비 쌍쌍이 꽃향기 찾아 날고
시냇물엔 송사리 피라미 가족들
엄마 아빠와 수초 사이로 숨바꼭질
즐기는 계절!

할머니 할아버지의 간절한 소망으로
하늘이 참사랑 참 가정 인연 맺어주셔서
예쁘고 귀한 연진이 옥진이가

이 아름다운 세상에 축복으로 태어난 오늘,
첫돌을 맞이하는 이 기쁘고 복된 날
하나님의 크신 축복의 은혜에
한없는 감사 찬양
하늘 높이 새들처럼 자유로이 날고
아름다운 꽃들이 아름답게 피어나듯

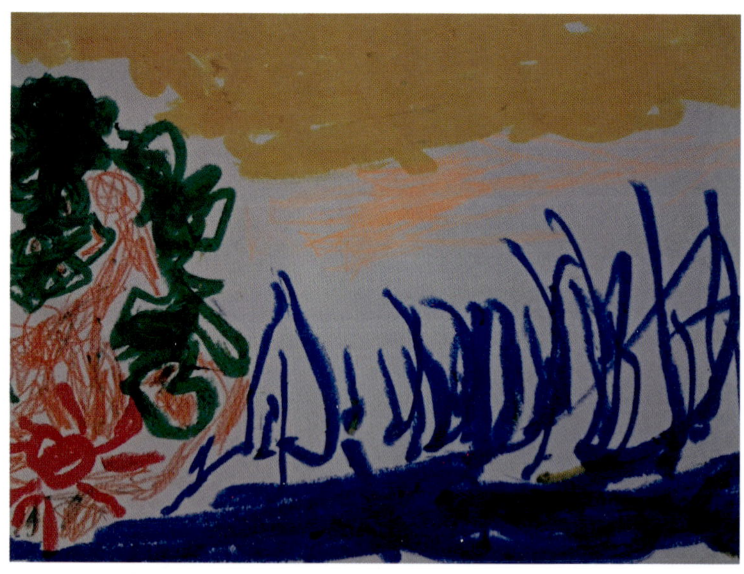

산의 나무들처럼 튼실한 열매들로 맺고
하늘의 별들처럼, 바닷가의 모래알처럼
영영 세세토록 무궁무궁 무궁히……
하늘의 혈족으로 뻗어나기를……
하나님께 간절히 간구합니다.

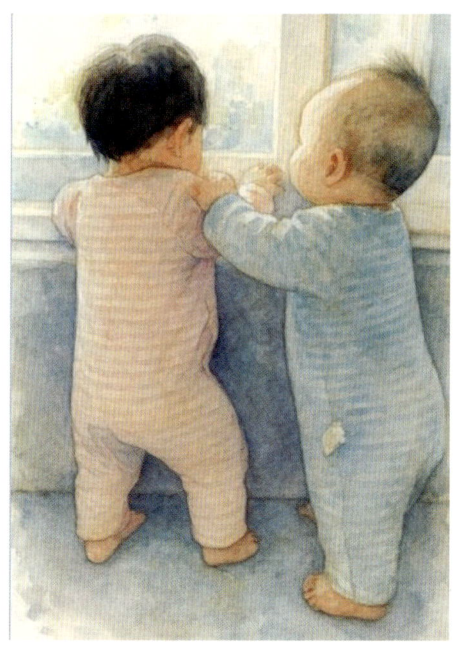

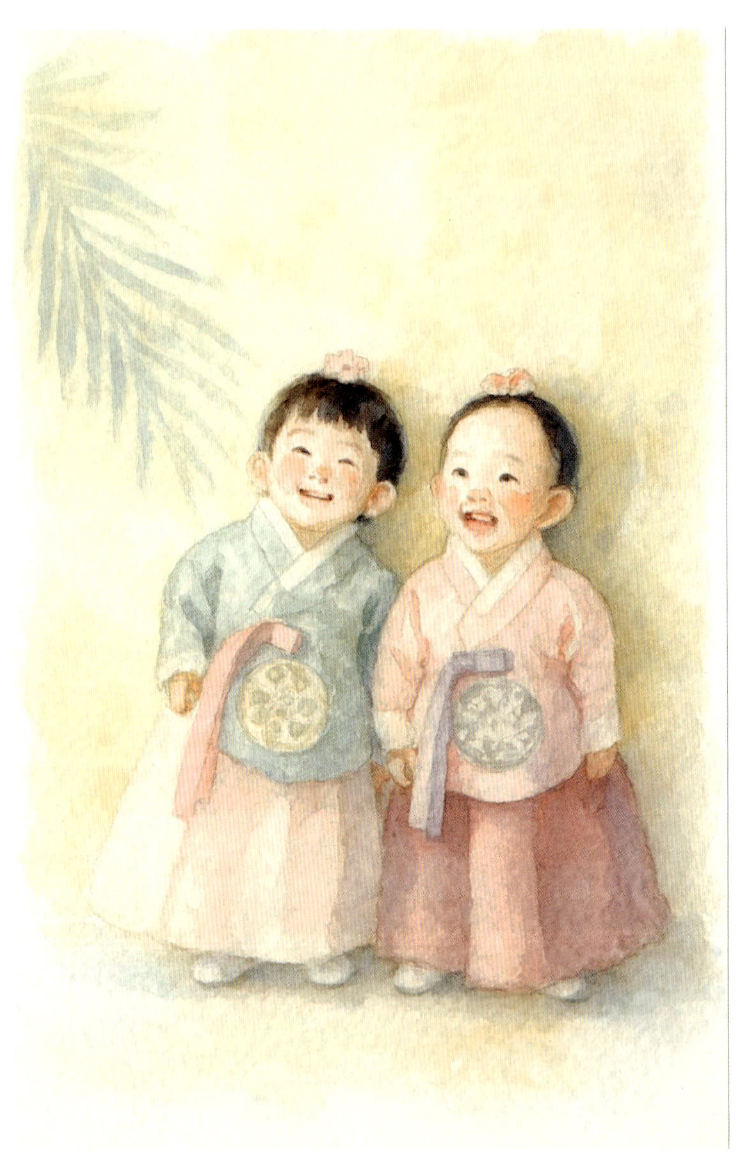

기쁨의 날

희망의 계절!
하늘에서는 황금빛 햇살이
찬란히 대지 위로 내리고
꽃구름이 한가로이 형형색색
그림을 그려 날리는 날!

새들은 창공을 즐겁게 날아오르고
바다는 수평선 위로 은빛 잔물결로
춤추며 너울로 일어나는 계절!

가족들은 너희들의 만남을
하늘땅만큼 환영하며 맞이한다!
모두 두 팔 벌려 가슴가득 환영한다
오월의 이 아름다운 계절에!

2020. 5. 07. 오후 2시 27분
- 손녀들 출생을 환영하며 -

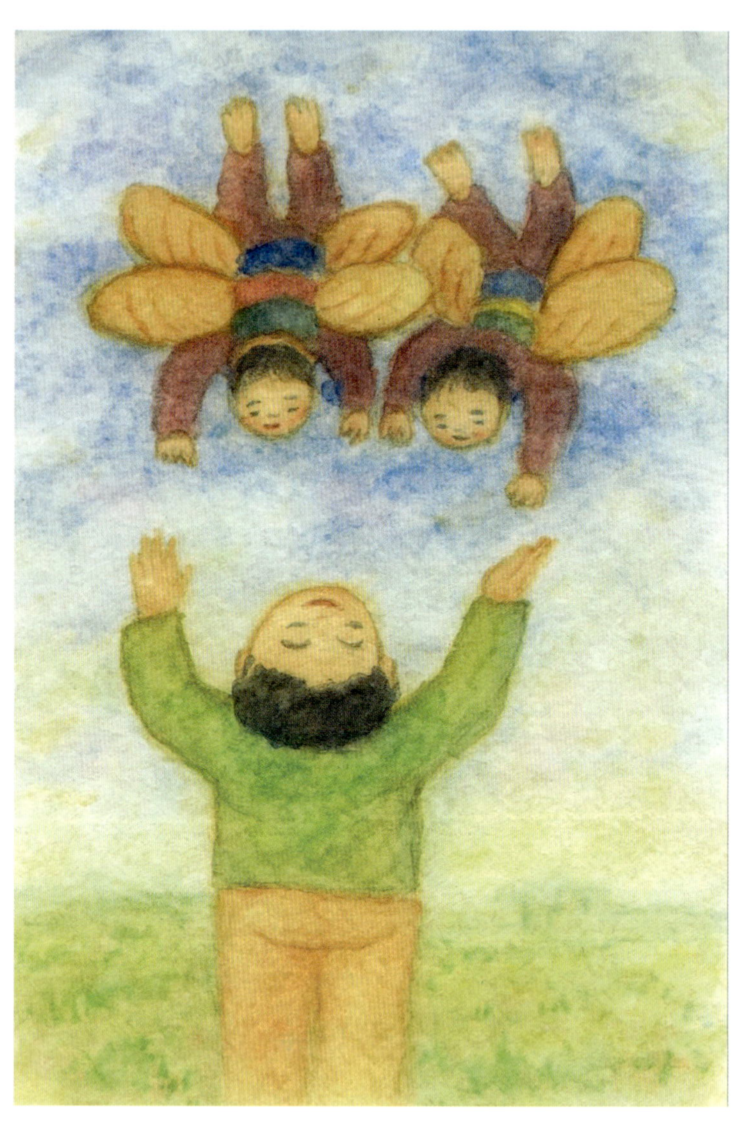

첫 만남

오늘은 손녀들을 만나는 날
이렇게 좋을 수가
이렇게 설렐 수가
어떤 말로 이 기쁨을 표현할 수 있을까?
세상에서 제일 좋은 말이 무엇일까!

우리 손녀들의 만남은
하늘이
내려주신 크신
은혜요 축복!

이 기쁨은,
아마도
할아버지가
처음 너희들의 할머니를
처음 만나던 날처럼……

너희들 엄마가 처음 태어나던 날처럼
어쩜 그 때보다 더
기쁘고 가슴 설렌다

우리의 보배, 쌍둥이 손녀들아!
하늘만큼 땅 만큼 반갑고 행복하단다.

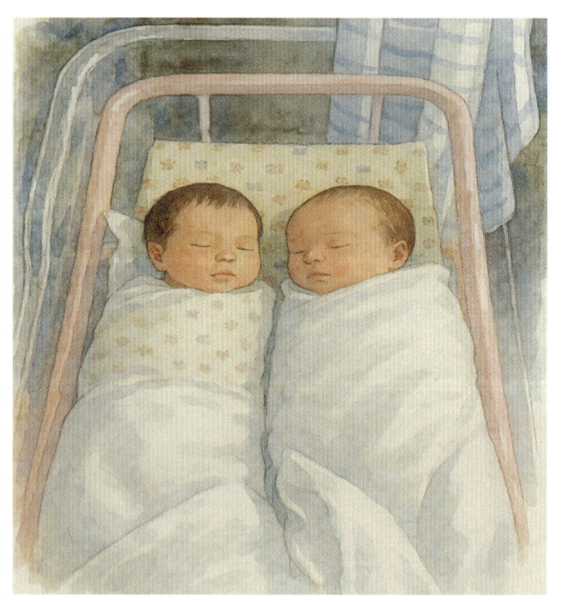

웃음보가 터졌네

'하하하' '허허허'
꿈같은 반가움에
자꾸자꾸 웃어지네

어화 둥둥 내 사랑
덩실덩실 춤이 나네
어깨춤이 절로 나네

일 하다가도 웃고
길 가다가도 웃고
자면서도 웃네

웃음보가 터졌나
그칠 줄을 모르네
하하하 허허허……

2020. 5. 7. 오후
외손녀 태어나던 날

둥개둥개 두둥개

둥개둥개 두둥개
하늘에서 내려왔나 땅에서 솟아왔나
바다에서 올라왔나 바람타고 날아왔나

세상에서 제일 귀한 사랑둥이 쌍둥이
어디 한번 안아보자 할머니가 안아보고
할아비도 안아보자

둥개둥개 두둥개
옥보다도 곱고
금보다도 귀한
우리 손녀들

얼씨구 절씨구
좋구나
지화자 좋구나
정말 정말 좋구나!

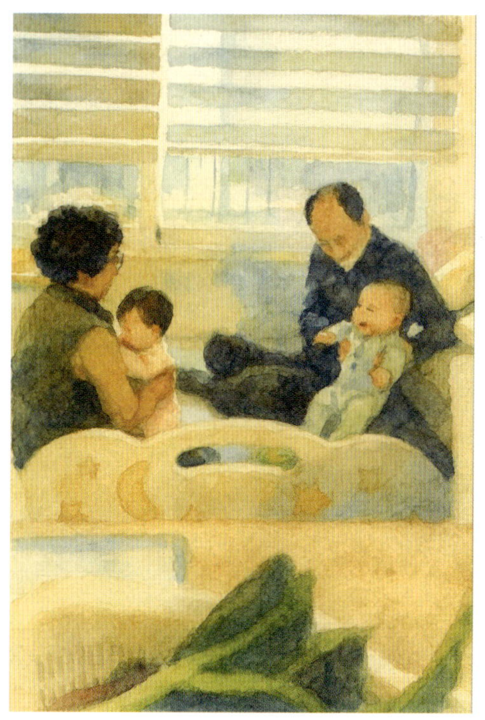

손녀들을 만나며

두 손녀들의 모습이
신기해서 참으로 예뻐서
이 작은 얼굴에 조물주는
어찌 이리 오목조목 그려 넣으셨을까

별처럼 반짝이는 까만 두 눈동자
조각가의 손으로 꼭 깎아 빚은
송편으로 빚은 양 오뚝한 코
살포시 오므린 앵두 같은 입술
표주박을 붙인 듯 귀여운 두 귀
발그레 도톰히 터질 듯한 두 볼
예술가의 솜씨네

'올 롤롤롤' '따르르 깍꿍'
와! 웃는다 웃어, 우리 아가들
웃는 모습이 이리도 예쁠 수가

옥인들 이보다 더 예쁘고 귀할까!
세상의 무엇이
이만큼 예쁠까
손녀들이
웃는다
웃는다 웃어

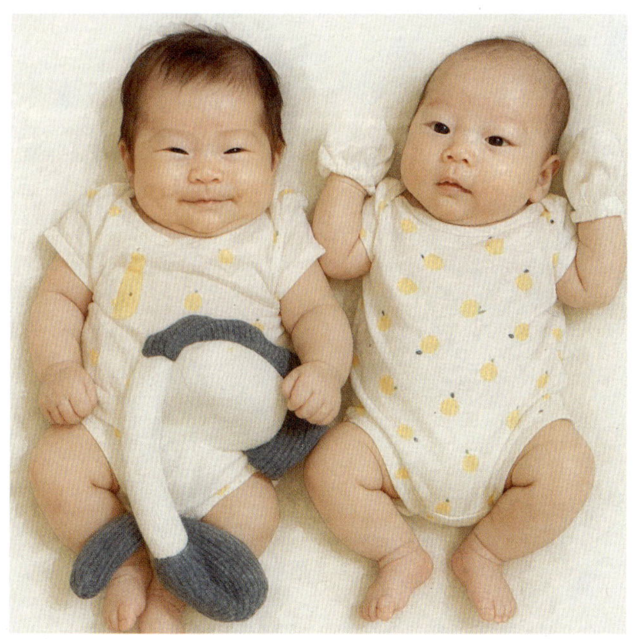

또 웃었다
우리 예쁜 손녀들
보고 있어도 자꾸 보고 싶고
잠시라도 안 보면 또 보고 싶은
우리아가들
내가 태어났을 그때도

나의 할아버지 할머니께서
지금 이 감정과 같으셨을까?
내가 태어났을 그때도……

아름다운 계절에

오월 !
참가정의 달!
하늘 높아 새들은 창공을 날고
산과 들은 어디나 초록빛 물결
울타리 담장엔 화려한 장미 축제
희망이 넘치는 아름다운 계절

오월!
이 아름다운 축복의 계절에
온 가족은 세상에서 가장 귀한 보배
두 손녀의 태어남을
가슴 가득 사랑으로 맞이한다
이 아름답고 싱그러운 계절!
사랑의 계절에!

와, 할머니 할아버지다

애들아
나의 간절한 소망이 있었단다

오직 '
할아버지라는 이름표를 달고
가슴을 펴보는 것이었단다
드디어
너희들이 내게로 내려오면서
'할아버지'라는 명찰을 크게 달고
인생 승진을 하게 되었다

너희 둘은 할아버지 할머니의
큰 선물이요 자랑이란다
그리고
삼촌과 이모라는 이름표도 크게
달아준 너희들이 자랑이란다

아주 큰 자랑이요
기쁨 이란다
"와' !
할머니, 할아버지 만세다"

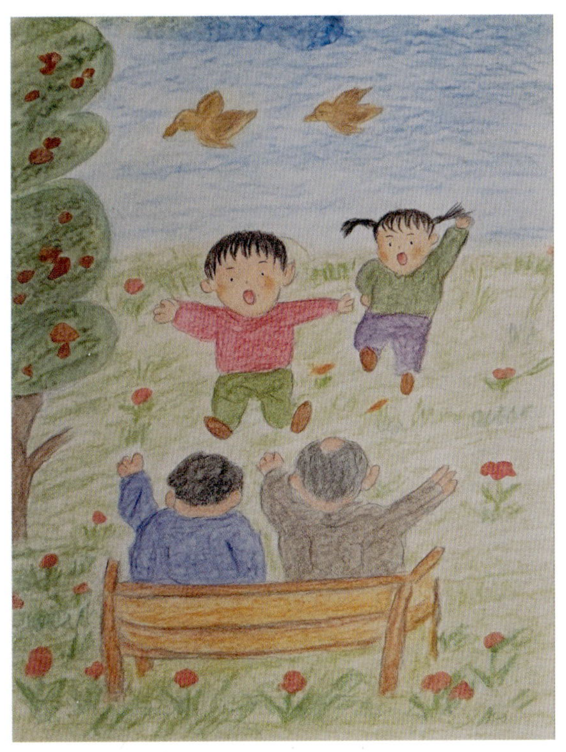

할머니는 척척박사

할머니는 척척박사

'응아응아' 울면
오, 그래!
우리 공주 맘마 달라고

'응아응아' 울면
오라,
우리 공주
쉬-했다고

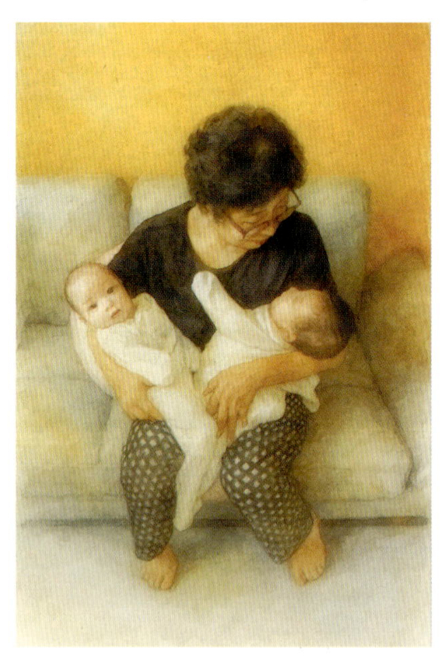

'응아웅아' 울면
그래 그래
우리 공주 안아
달라고

할머니는 척척박사.

오늘도

오늘도
우리 보배들
잘 먹고 잘 놀았느냐
보고 싶은 궁금한 마음에
내일을 기대하며 잠을 청한다.

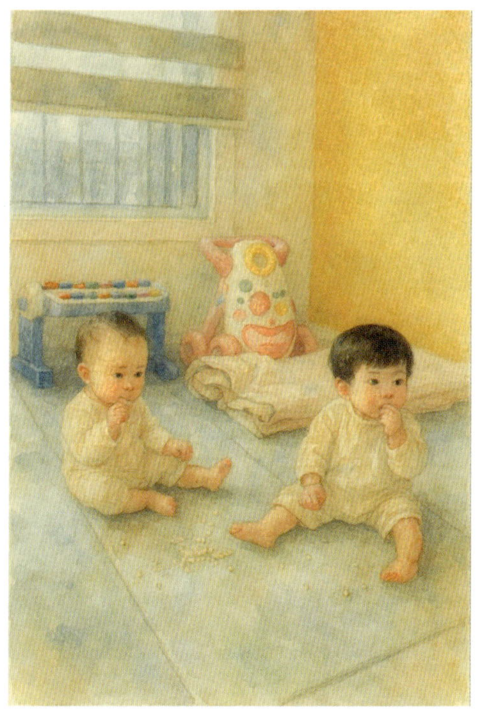

합장한 손

하루가 천년의 바램으로
깊은 밤 촛불로 어둠을 밝히고
조용히 무릎 꿇는다

노부부는 오늘도 지성으로
하늘에 우러러 기원하는 주름 가득한
합장한 손

한 점의 혈육을 내리소서
한 톨의 씨앗을 내리소서
어둠을 밝히며 노부부는
두 손을 모으네

여행

애들아! 손녀들아
보고 싶은 마음에
오늘밤도 꿈을 꾸련다

밤하늘에 별처럼
까만 두 눈동자가 반짝이고
보름달처럼 환히 웃는
너희들 모습을 보련다

오늘 밤
할아버지 할머니랑
저 멀리 은하수 강물에
작은 배 돛을 올리고 노를 저어
별나라 무지개다리를 지나
떡방아 찧는 토끼도 만나고
계수나무 밑에서 쉬어도 보자

소록소록 잘 자거라
오늘 밤 은하수 건너

별나라 달나라로 할아버지 할머니와
별빛이 반짝이는 은하수 아름다운 하늘로
여행을 가보자
소록소록 잘 자거라 귀여운 아가들아

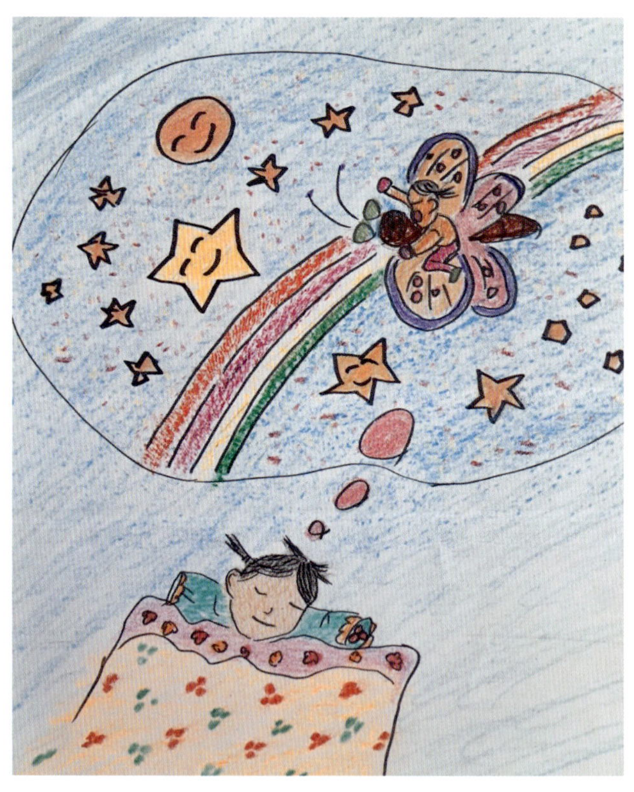

2부

잘 했군 잘 했어

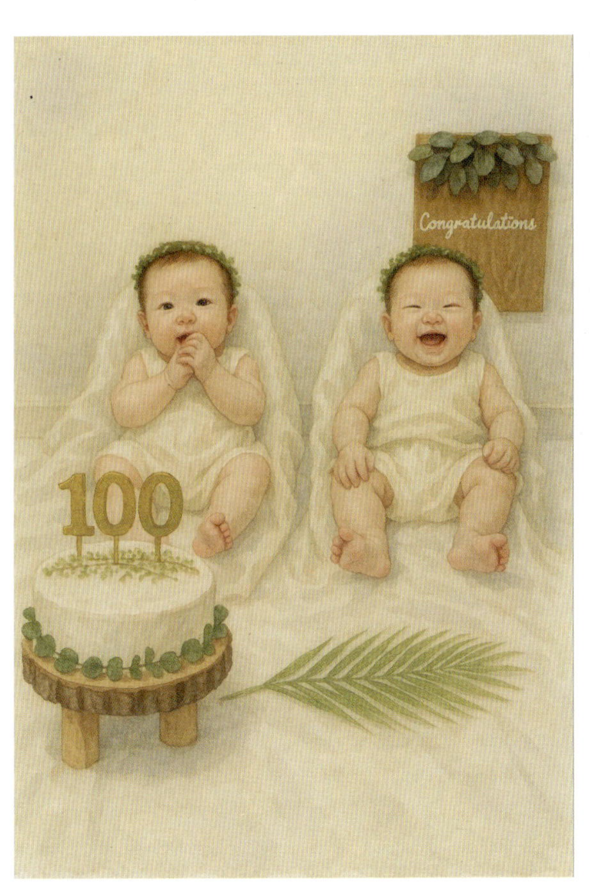

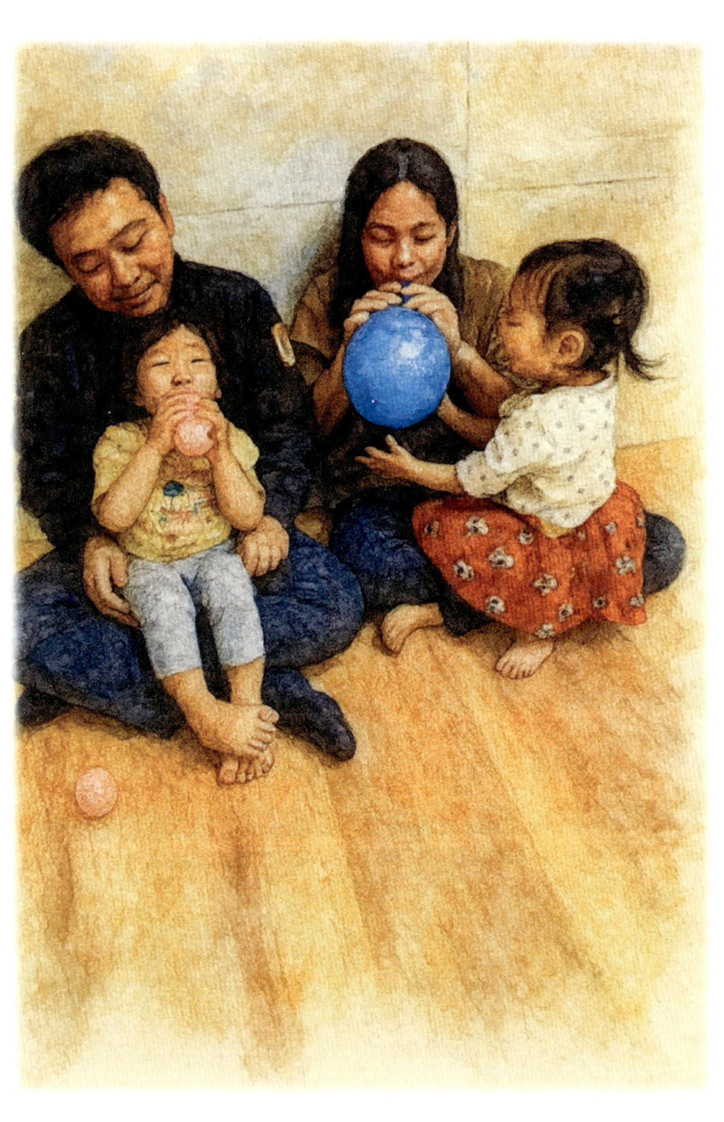

자장가

자장자장 자-장 우리 아가 잘 자거라
예쁜 아가 착한 아가
낮에는 동무들과 소꿉놀이 즐거워라
길가에 꽃들과 꽃 이야기 즐거워라
엄마 품에 잠을 잔다
소록소록 잘도 잔다

자장자장 자-장 우리 아가 잘도 잔다
예쁜 아가 착한 아가
밤에는 달님과 그림자놀이 즐거워라
은하수 아기별과 숨바꼭질 즐거워라
엄마 품에 잠을 잔다
소록소록 잘도 잔다

제일 좋은 것

세상에서 제일 좋은 즐거움은
너희들이 서로 마주보며
방긋방긋 웃음을 웃는 것이란다

세상에서 제일 좋은 소리는
너희들이 옹알옹알
들려주는 고운 목소리란다

세상에서 제일 좋은 모습은
조곤조곤 고사리 손
장난감 놀이하는 모습이란다

세상에서 제일 좋은 모양은
새록새록 은하수 고요한 밤
물 흐르듯 자는 모습이란다

세상에서 제일 보기 좋은 것은
너희들이 엄마와 사랑의 눈 맞추며
엄마 품에 젖 먹는 모습이란다

이것이
너희들을 바라보는 큰 기쁨이란다.

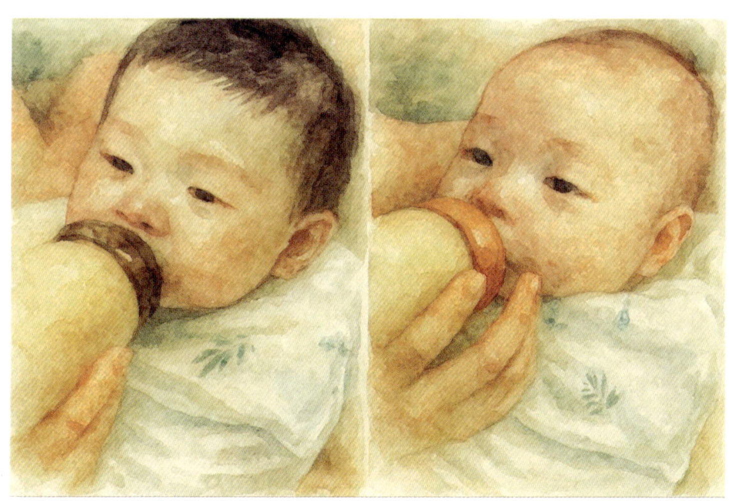

그녀와 함께 춤을

'하나 둘 셋 넷'
'둘 둘 셋 넷'
어깨와 허리를 살포시 감싸 안고
네 박자 리듬 타며
앞으로 하나 둘, 뒤로 하나 둘
마주보며 교감하는 두 눈동자

오뚝이 솟은 콧날
세필로 살짝 그린 듯 두 눈썹
표주박을 붙인 듯 동그란 두 귀볼
다문 듯 오므린 연분홍 예쁜 입술

'하나 둘 셋 넷'
정감이 흐르는 사랑의 노래의
발걸음 리듬의 사각의 무도장이 된 방
하늘이 내리신 축복의 노래 가득

출생 40일,
곱고 귀여운 보배들은
할머니가 자장가 불러주는 사랑의
품에서 살포시 잠이 들고
사랑 가득한 방은
사랑의 여운이 가득 넘친다

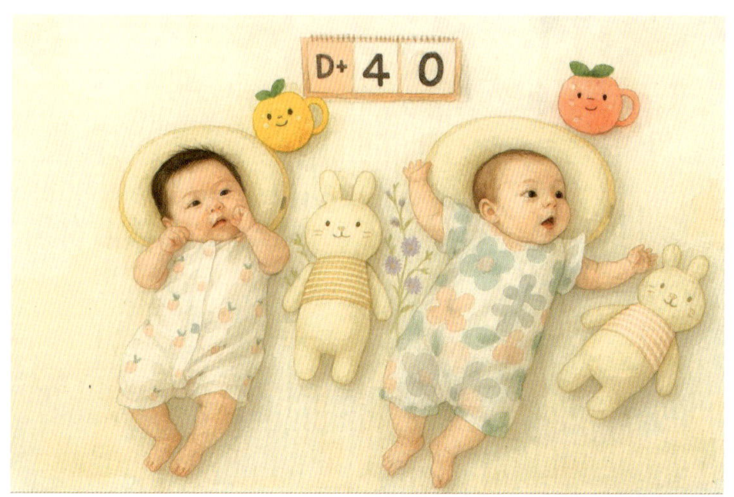

세상 무엇보다 더

밤하늘의 별빛보다 더
반짝이는 까만 두 눈동자

하늘의 태양 빛보다 더
따뜻하게 웃음의 모습

숲속의 새들처럼
정겹고 고운 목소리로……

가을하늘 빨간 고추잠자리보다 더
귀여운 모습들로 느껴오고

실개천 속삭이는 물소리처럼
청아한 맑은 목소리

들꽃의 향기보다 더 진하고
감미로운 향기로 다가오는

세상에 무엇보다 더 아름답고
사랑스런 하늘의 축복의 선물
우리 손녀들……!

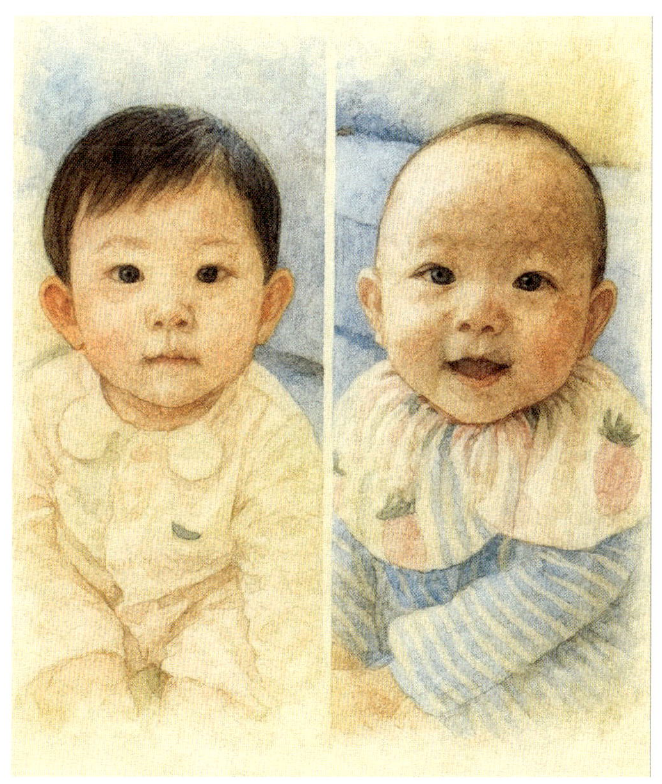

누구를 닮았나

방글방글 귀엽게 웃는 얼굴
누구를 닮았나
깊은 산속 동글동글 샘솟는
옹달샘 닮았지

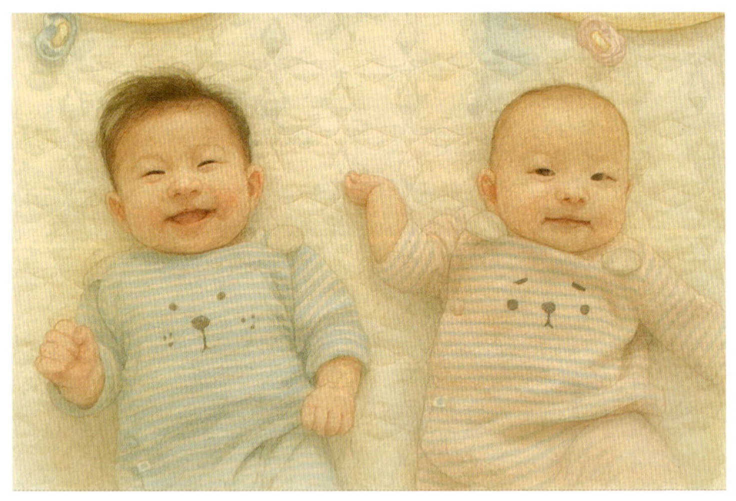

옹알옹알 흥겹게 부르는 소리는
무엇을 닮았나
깊은 산속 노래하며 흐르는
실개천 고운 물소리 닮았지

방실방실 웃는 둥근 얼굴
무엇을 닮았나
지붕 위 둥실둥실 박처럼
환히 비추는 달님을 닮았지

잘 했군 잘 했어

오늘
예쁜 우리 아가들
누구하고 놀았나
할머니하고 놀았지
잘 했군 잘 했어
정말 잘 했네

귀여운 우리 아가들
무얼 하며 놀았나
엄마랑 공굴리기하며 놀았지
잘 했군 잘 했어
정말 잘 했네

착한 우리 아가들
무얼 하며 놀았나
이모랑 같이 그네 타며 놀았지
잘 했군 잘 했어
정말 잘 했어

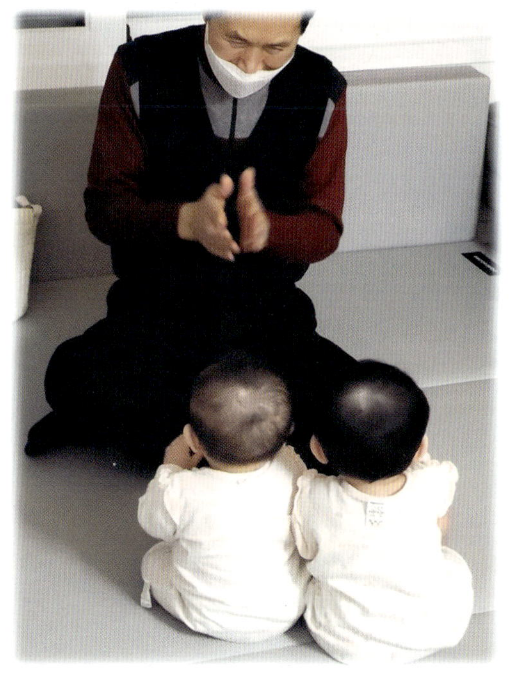

지혜놀이 건강 놀이

예쁜 우리손녀들
지혜놀이 운동놀이 합시다

예쁜 우리 손녀들
머리를 좌-우로 흔들어
'도리도리 도-리'

예쁜 우리 손녀들
두 손을 짝 펴서 마주치며
'짝짝꿍 짝짝꿍'

예쁜 우리손녀들
두 주먹을 쥐었다 폈다
'잼잼잼잼'

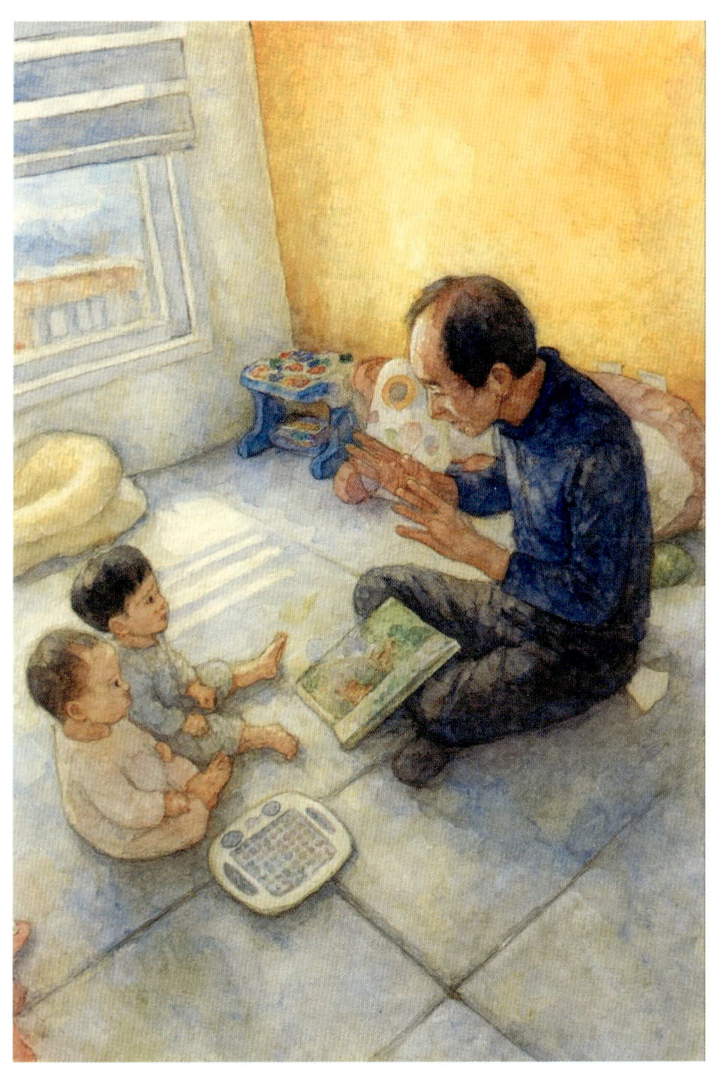

예쁜 우리 손녀들
두 손을 펴서 흔들어
'질라라비 훨- 훨'
 예쁜 우리 손녀들
둘째손가락으로 손바닥을 찌르며
'곤지곤지 곤-지'

예쁜 우리 손녀들
머리도 총명하게 몸도 튼튼하게
도리도리합시다, 짝짝궁합시다
잼잼 합시다. 훨훨 합시다
곤지곤지 합시다

건강놀이 지혜놀이
잘하네 잘하네 참으로 잘 하네
우리 손녀들 건강놀이 재미있어요

첫 아픔

카톡으로 보내 온
손녀의 하마처럼 큰 입
자세히 살펴보니 아니 벌써!
아래턱 잇몸에 살짝 솟은
젖니 두 개

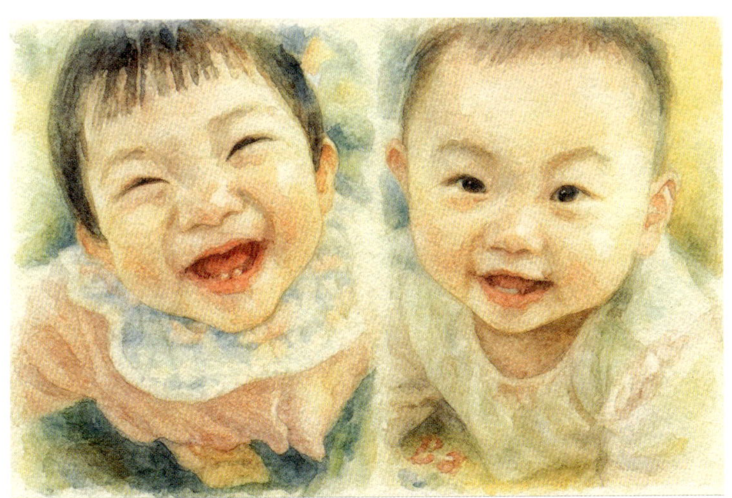

언뜻, 출생 177일
요즘 분유도 안 먹고
잠도 안 자며 보챈다더니
이유가 있었구나

울밑에 심은 강낭콩 떡잎
땅 밑에서 흙을 뚫고 '쏙' 솟아 나오듯
우리 손녀들에게도 이가 나오느라
처음 아픔이었네
장하다 장해! 우리 손녀들.

맛의 감정사

아가들은
무엇이든 손에 잡히는 것은
입으로 가져가 감정하지요

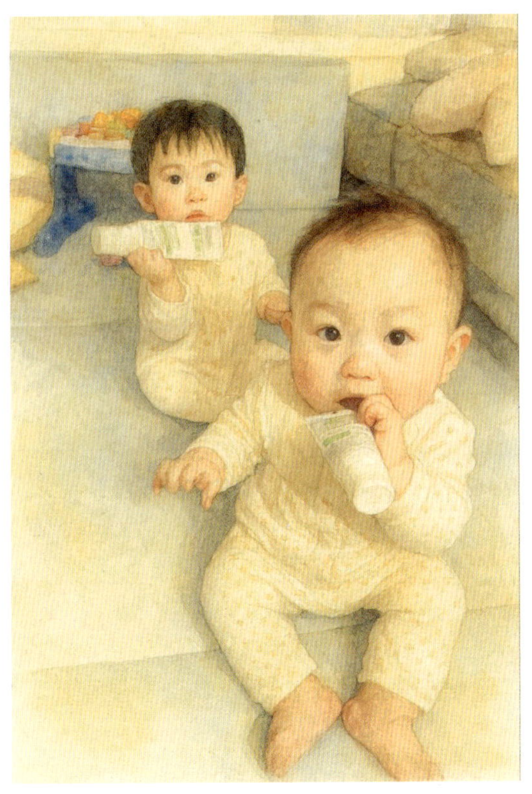

장난감 딸랑이 수건 무엇이든
손에 잡히는 모든 것들은
입으로 가져가 맛을 보지요
모든 것들과 친해지며
사물들을 알아가는 과정인 듯

맛의 요리사처럼!
하하하…
아가는 맛의 감정사

오늘도

오늘도
우리 귀엽고 예쁜 손녀들
잘 먹고 잘 놀았는지
울고 보채지는 않았는지
우유랑 밥이랑 잘 먹으며
무엇을 하며 잘 놀았는지…….
궁금한 생각으로 잠을 이룬다.

귀여운 심술

출생 270여 일
손녀들과
나무 부록 쌓기 놀이해요

할아버지가 1층 2층 3층…
와! '탑을 높이 쌓았습니다'

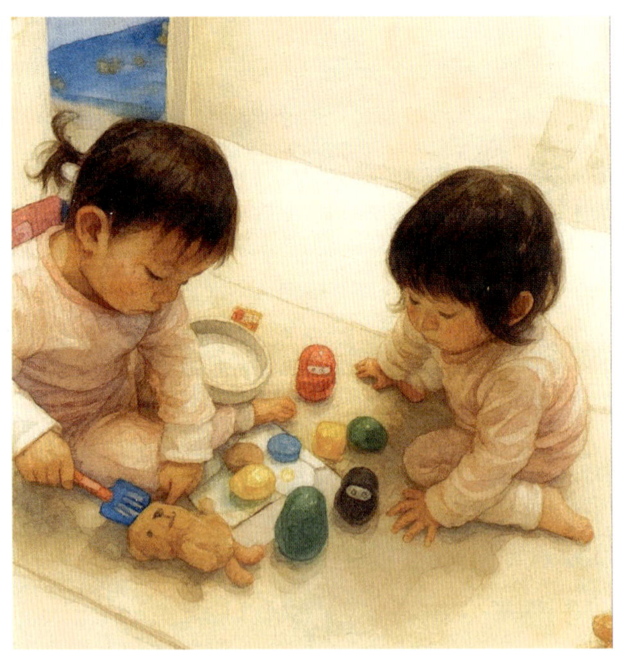

아가는 대번에 손을 저어
와르르 무너뜨리고는 신기한 듯
손을 흔들며 좋아서 '깔깔깔'

할아버지는 또 1층 2층 3층…
와, 또 탑을 쌓았습니다
아기는 또 손을 저어
와르르 무너뜨리고
손뼉 치며 재미있어 '깔깔깔'

또 쌓으면 와르르
또 쌓으면 와르르
'야야야 ―'
손뼉 치며 '깔깔깔'

손녀들과 부록 탑 쌓기 놀이

할아버지는 정말 재미있어요
참으로 즐거운 놀이에요
우리 귀여운 손녀들은
귀여운 심술쟁이 '깔깔깔'

긴 시간

오늘은 근무일
손녀들을 볼 수가 없다
토요일 일요일은 아빠의 휴일
엄마 아빠와 같이 지내고

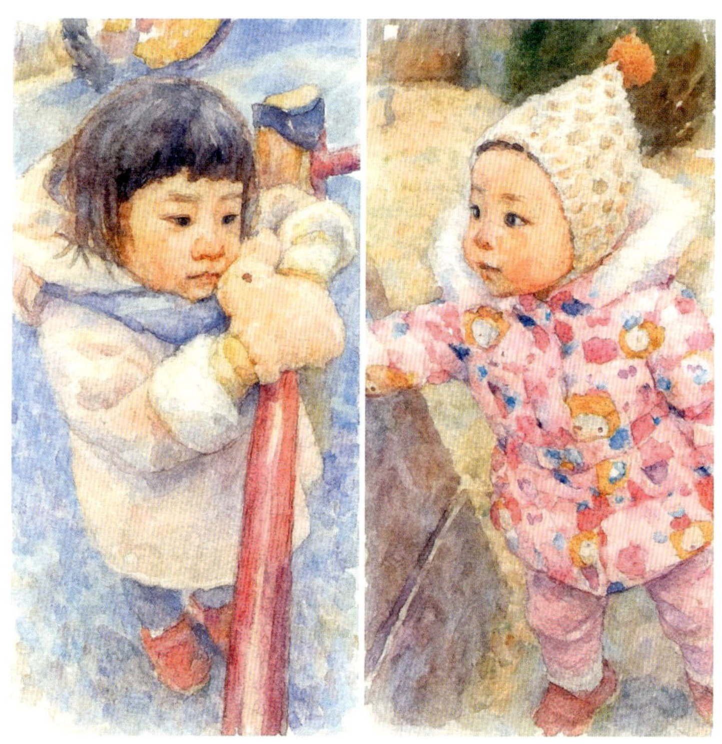

만남의 기다림은 너무 긴 시간
카톡 사진이라도 보내왔으면!
기다려진다‘
애들은 뭐하니?’ 잘들 노니?
보고 싶은 마음에
메시지를 보낸다

잠시 후 보내온 몇 장의 사진들
‘귀여운 보배, 우리 손녀들!’
잠시의 위안이다.

이것이 사는 재미지!
삶의 큰 위안…….

너희들로

'까르르 까르르'
아가들이 웃을
웃음 햇살 집안에 퍼지고
웃음꽃 향기가
집안에 가득 퍼지고

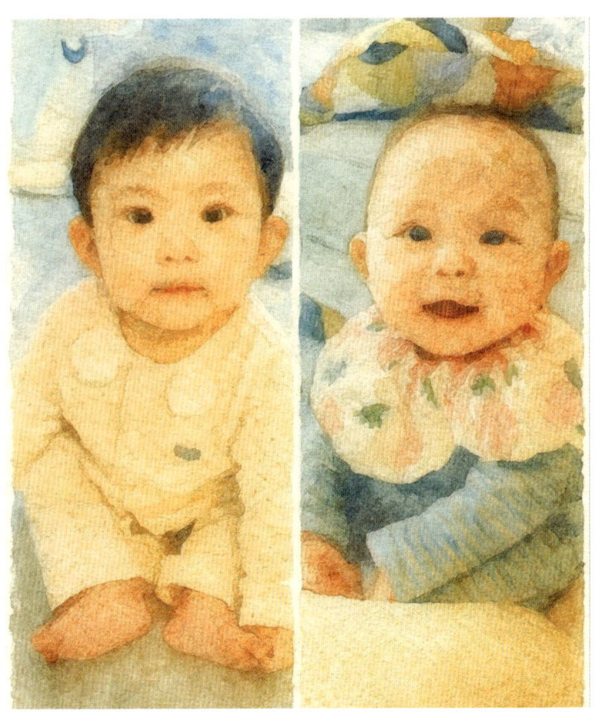

'응아응아'
아가들이 울음 울 때면
마음이 안개처럼
집안 가득 퍼진다

아가들아
'까르르 까르르' 웃어라
자꾸자꾸 웃어라
집안이 밝아지고
온통 이 세상이 밝아지도록.

할머니의 18번

'아이구, 팔다리 허리야'
밤마다 부르는 노래
할머니의 단골 메뉴 18번곡
그래도 즐겁고 행복한 노래

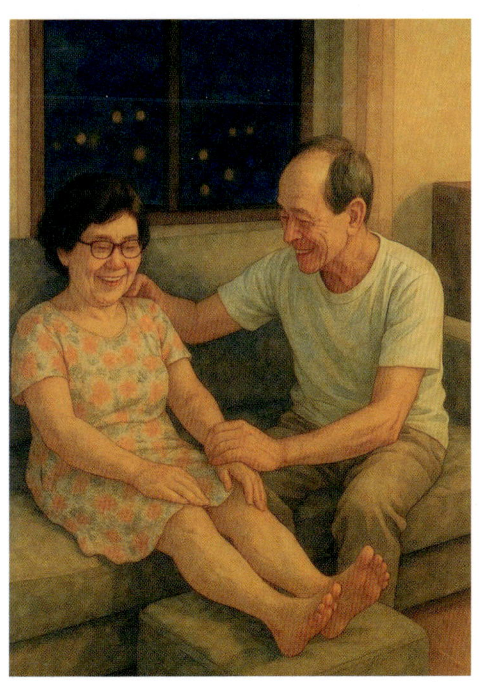

아이구 팔다리 허리야
오늘밤도 할머니는 노래를 한다
밤새도록 부르던 노래도 아침이 되면
언제 어디가 아팠었느냐?

아침이면 또 달려가는 행복한 날
우리 귀한 손녀들아
그저 그저 '쑥쑥'
건강하게만 자라만다오
할머니는 오늘도
부지런히 달려간다

이모

'찍찍찍'
현관문 번호 키 찍는 소리에
놀던 장난감 내던지고
앞다투어 현관문을 향하여
'이 이 이' 이모 부르며
기어 달려간다

'얘들아, 잘들 놀았니'
반가운 목소리에 활짝 웃으며
'앞 다투어 이모의 팔에 안긴다

이모의 힘든 하루의 피곤을
풀어주는 조카들과의 만남
너희들로 이모의 하루의 피곤이
싹 사라진다, 귀여운 조카들아!

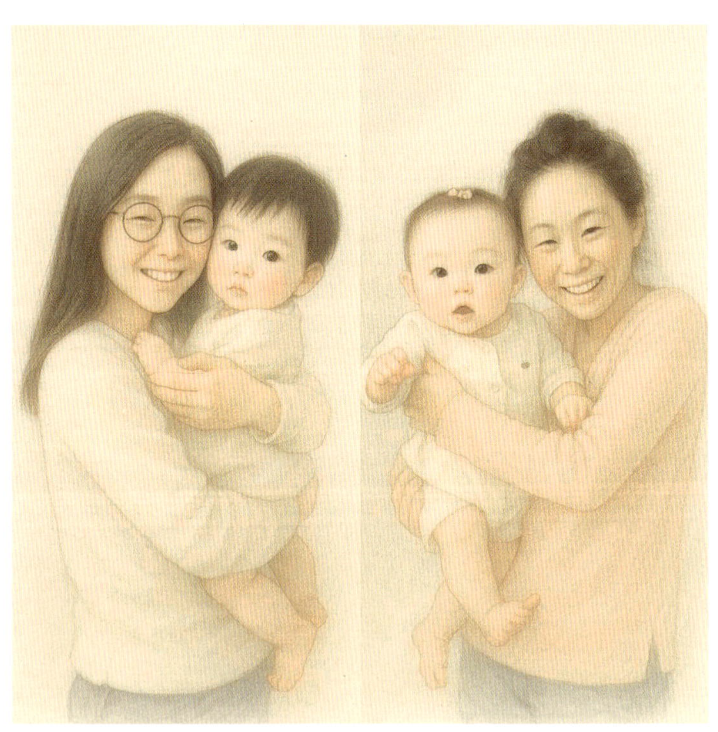

행복한 웃음소리

요즘 너희들로

할머니 할아버지 집이

아주 즐겁고 행복하단다

우리 가족 카톡 방에

너희 엄마가 보내주는

꼬물꼬물 누에머리 젓듯 하는

귀여운 재롱의 모습에

신기하고 대견해서 웃고 또 웃는다

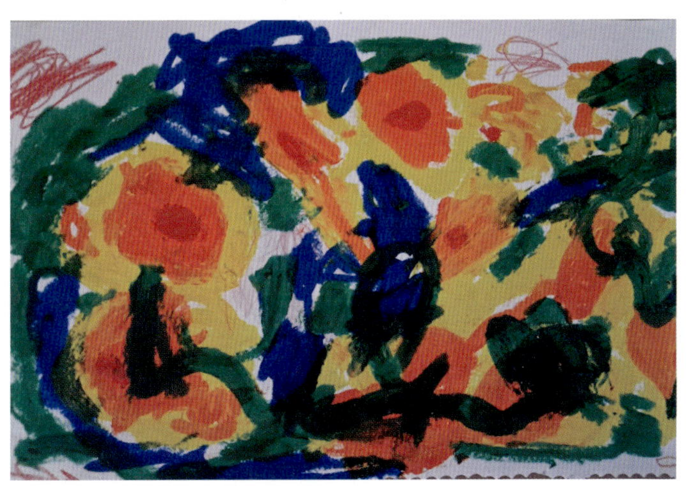

연진이는 아빠를 닮았고
옥진이는 엄마를 꼭 빼닮아
공평하게 나누었다고
서로의 생각들로 시끌시끌
얼굴 모습도 한 쌍둥이 같지 않고
성격도 행동도 취미도
식성도 서로 달라

그러나 서로 잘 놀고 정답게
잘놀고 먹고 참으로
귀엽고 사랑스럽구나
너희는 들리느냐

이 즐거워하는 가족들의 웃음소리가
요즘 너희들로 행복한 외갓집이란다.

3부

중계방송 중

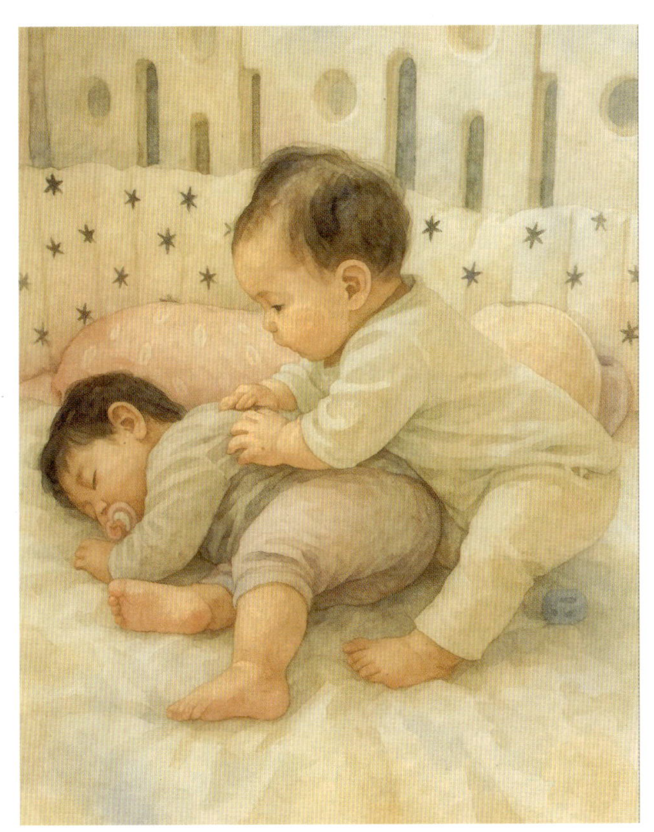

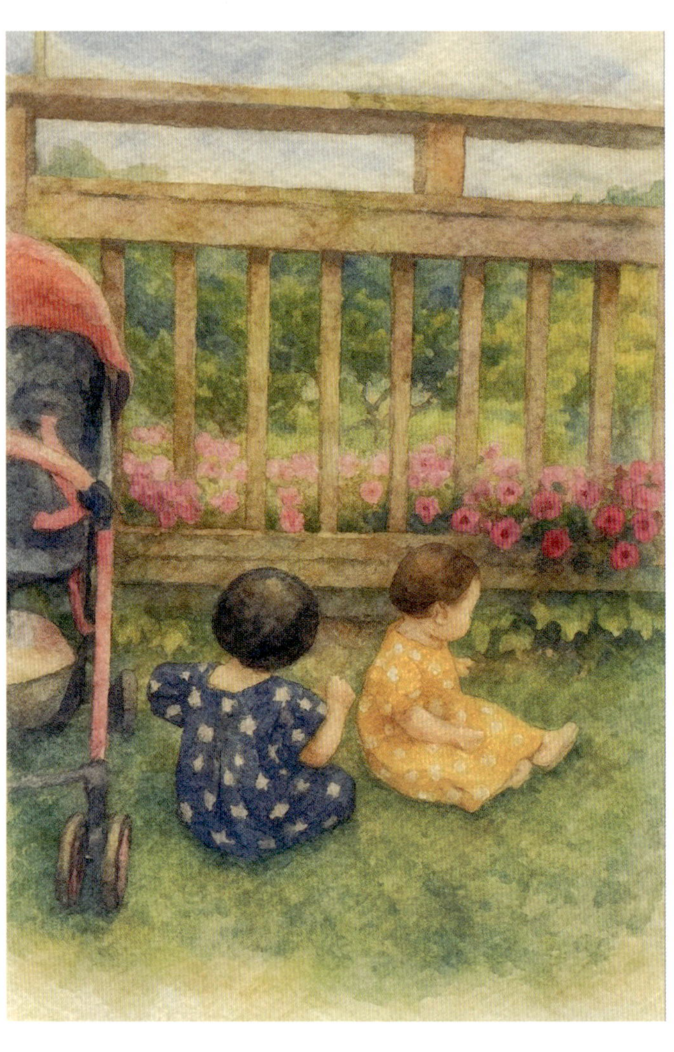

참 다행

둘이 장난감을 가지고 놀며
'옹알옹알' 어쩌다
서로 머리를 부딪치면
마주보며 싱끗 웃고
서로 장난감을 뺏고 빼앗겨도
서로 마주보며 웃어주고
내 것 네 것 구분 없이 함께 즐기는
너희들이 귀엽고 예쁘다

혼자서는 외로울 것을
둘이 같이 놀고 웃어주니
자매이자 동무 되어
둘이 만나 다행이다.

외계인이 아니란다

오늘은
귀여운 손녀들 만나는 날
매일 외할머니와 엄마하고 놀고
오후에는 학교에서 돌아온
이모가 놀아주고
우리 예쁜 손녀들은 참 좋겠네

이틀 만에 만나는
마스크 쓴 할아버지가
낯 설은 표정이다
마스크를 벗어 보이며
활짝 웃어 보여주어도 역시
낯 설은 표정이다

'까꿍 까꿍' 너희들을
제일 사랑하는 할아버지란다

외계인이 아니란다
말가니 바라보는 맑은 눈동자

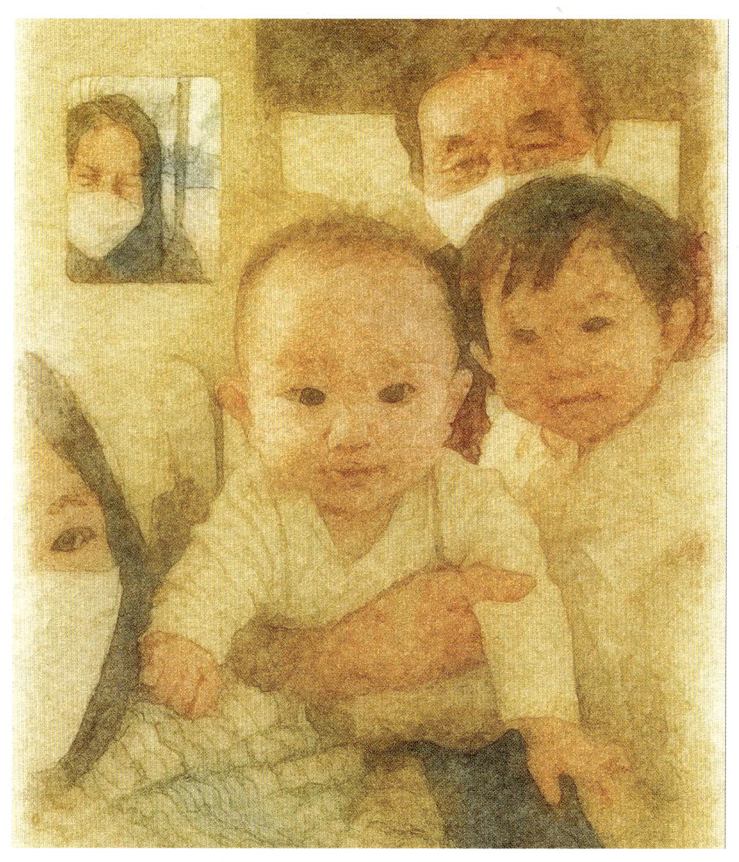

못된 코로나로
귀여운 손녀들에게
외계인 취급받는 할아버지다

하루 빨리 이 땅에서
흔적 없이 사라져라
예쁘고 귀여운 손녀들과 어울려
자유롭게 만나고 친해지도록.
어서 빨리 떠나라
악질 코로나.

질투

내 동생은 울보

맘마 달라 '응아' '응아'
안아 달라 '응아' '응아'
업어 달라 '응아' '응아'
쉬 했다고 '응아' '응아'

엄마는 '그래' '그래'
아빠도 '그래' '그래'
호호호 '그래' '그래'

'치이!'
엄마 아빠
동생만 좋아해.

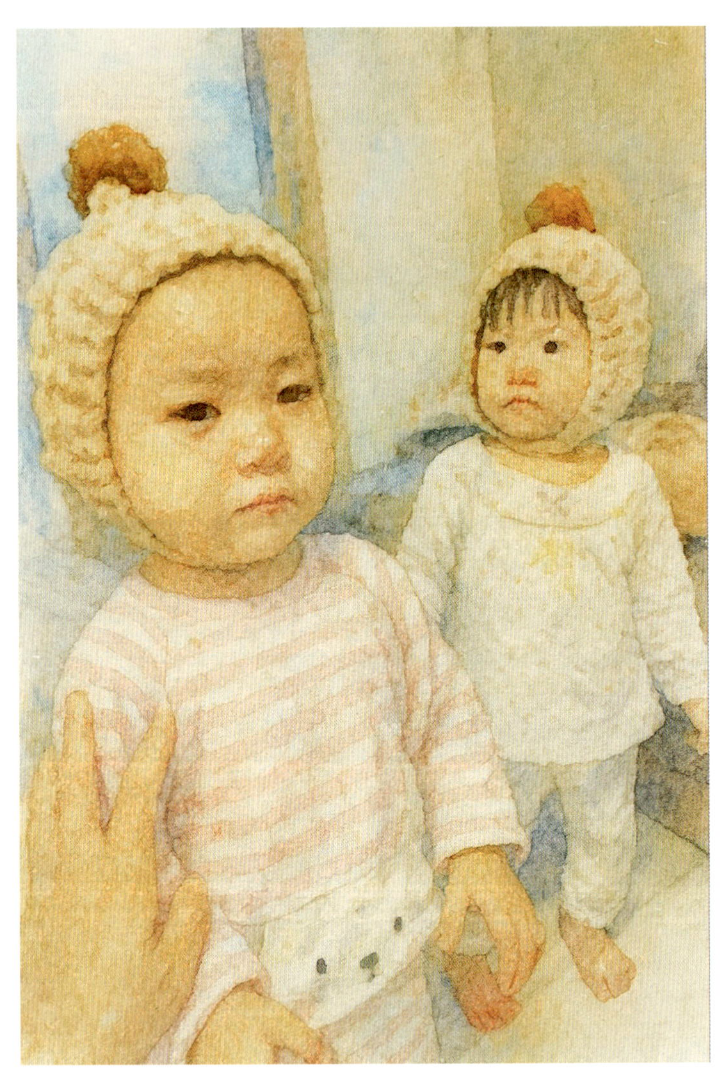

74 손녀들 이야기

와! 걸었다

와! 걸었다 걸었어

인류가 최초로 처음 달 표면을 걷듯이

방바닥 한 편에서 떼어놓은

위대한 첫 발짝

하나님의 창조 능력

지켜보는 실증이다

하나 둘 셋 넷… 좁은 방에서

넓은 대지를 향해

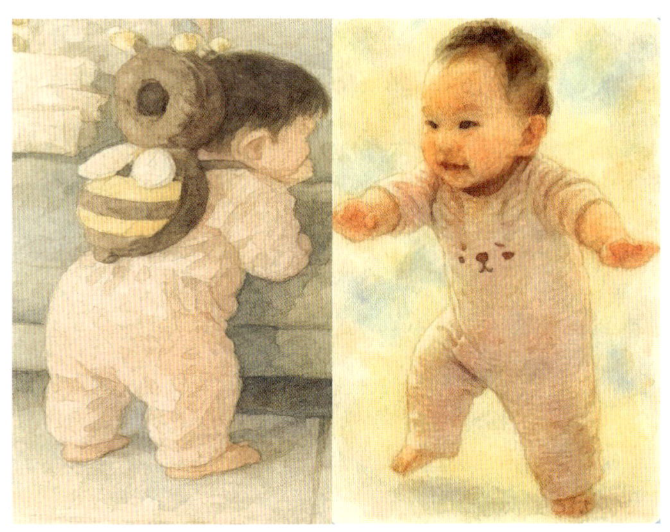

첫 걸음을
떼어 나간다
달 표면을 처음 걷던 닐
암스트롱처럼
넓은 세상을
향하여
나가는
첫 출발이다
인생의 첫 걸음
세상을 향해 힘차게 나아가라
전진하라 파이팅!

포로

요즘, 우리 가족은
너희들을 바라보노라면

맑고 깊은 호수 같은 눈동자
옹알옹알 작고 예쁜 입술
버선코 오뚝한 콧날
방긋 웃는 보름달 동그란 웃음

할머니 할아버지는
눈도 귀도 마음도 온통
너희가 드리운 사랑의 감옥에
푹 빠져 포로가 되었다

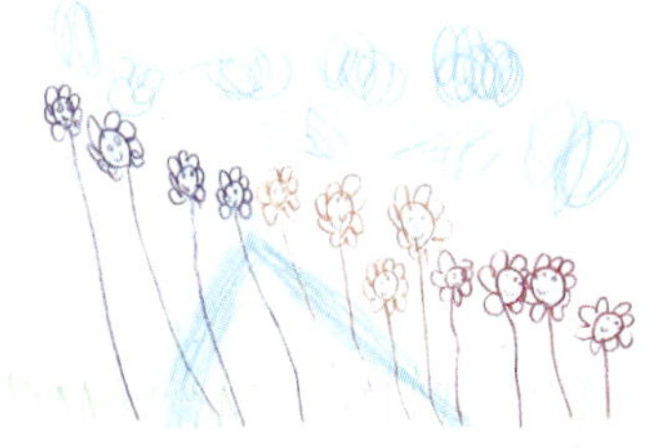

중계방송 중

언니와 동생은
장난감을 가지고 사이좋게 놀고
있습니다
그러다 갑자기 동생이
언니의 장난감을 뺏으려 달려듭니다
이를 눈치를 챈 언니는
장난감을 가지고 살짝 피합니다
그러나 동생은
은근히 오기가 발동한 듯
언니한테 사납게 돌진합니다
그러나 빼앗길 리 없는 언니
또 몸을 돌려 위기를 피합니다
빼앗기가 여의치 않자
동생은 언니를 끌어안고 주짓수 형태로
언니를 올라타고 기어이 빼앗고 맙니다

이에
언니는 빼앗긴 게 분해서
'엉엉' 울고 맙니다.
동생은 빼앗아 기분이 좋아
바닥에 벌렁 누워
하늘을 올려보며 가슴 폅니다

제 딴에는 승리감에 취해 있지만
이것은 엄연한 반칙입니다
어쩌면 경쟁은
생존 본능의 발로가 아닐는지?

그러나
심판 보는 엄마는
자매간에 의리의 반칙으로 판정!
동생에게 옐로카드를 날립니다

그러면 안 되지 자매간의 의리가
지켜져야지
하하하 호호호
중계석의 해설은 할아버지 할머니

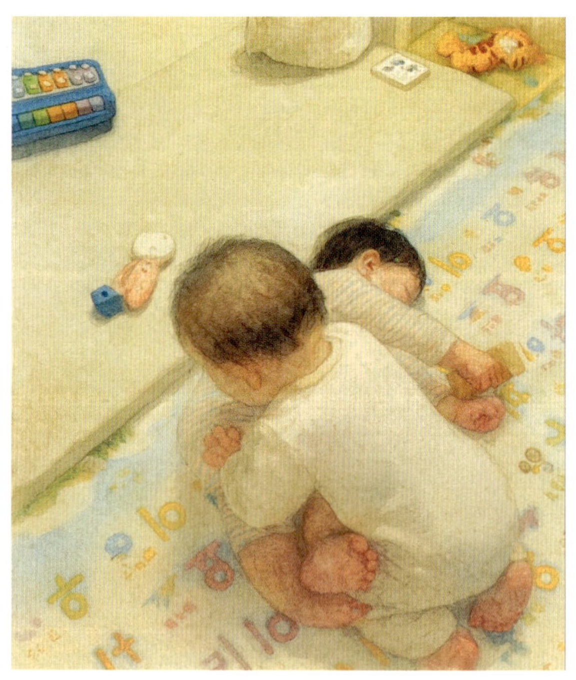

심판은 공정한 엄마였습니다
이상은 두 자매의 장난감놀이
경쟁 현장이었습니다.

그렇게 나아가라

우리 아가들 천장을 향해
잠자리 나비처럼
두 팔 저으며 놀더니
어느 날
한 다리를 옆으로 젖히며 엎어져
고개를 못 들고 앞을 보며
'끙끙.'

어느 날 엎디어
두 무릎을 꿇고 두 팔을 짚고
갓 태어난 망아지처럼 앞뒤로
흔들흔들 앞으로 나가려다
방바닥에 머리
'쿵'

어느 날

양손 짚고 앞으로 더듬더듬
갓 태어나 물기 마른 망아지처럼
한 손 한 손 짚어 앞으로 나아간다
어느 날
벽을 짚고 한 발 두 발
발을 떼더니

어느 날
벽에 기대 기우뚱기우뚱
장난감 들고
놀더니

어느 날
한 발짝 두 발짝 발을 뗀다

'용타용타' 앞으로 한 발 두 발……
박수를 쳐주면 열 발짝도 뗀다
장하다! 우리 아가들!
그렇게 세상은 한 발 두 발
걸어가며 나아가는 거란다
우리 아가들 세상을 향하여
그렇게 걸어 나가라
우리 아가들
장하다
파이팅!

응답하셨네

그토록!
간절하던 소망의 날들
남 모두가 다 누리는 행복!
노부부는 어둠을 밝히며
일구월심 하늘 우러러 기도드리네

지성이면 감천!
노부부의 간절함에 감응하셨네
팔순 턱에 만난 쌍둥이 자매
하나님의 깊으신 은혜이시네

욕심엔 끝없단 말이 있듯이
할아버지 할머니 바라는 소원
두 손녀 손잡고
유치원으로 초등학교로
가방도 들어주고

건널목도 건네주고

기쁨을 누리며 바라는 소원

90살까지 백 살까지……

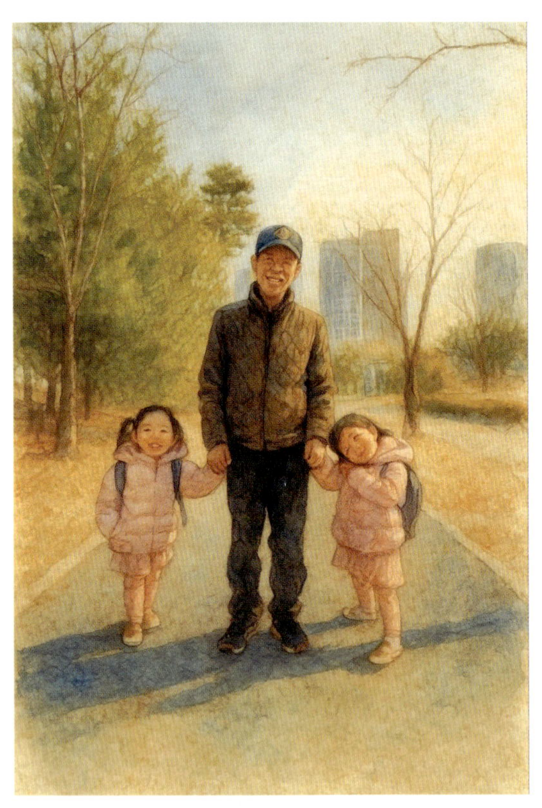

자장가

자장자장 자아장 귀여운 우리 아가
쌔근쌔근 잘 자거라 밤하늘 아기별도
은하수 너울 속 엄마 품에 잠을 잔다
자장자장 자아장 어여쁜 우리 아가

자장자장 자아장 예쁜 우리 아가
쌔근쌔근 잘 자거라 달나라 아기토끼
무지개 색동 이불 엄마 품에 잠을 잔다
자장자장 자아장 사랑스런 우리 아가.

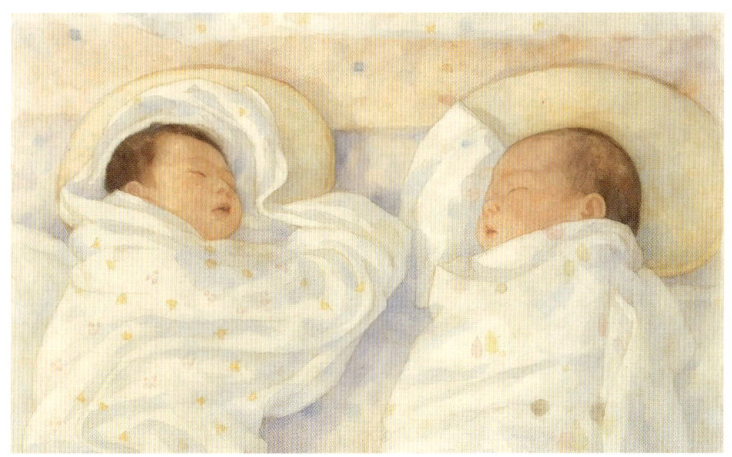

참사랑 열매

옛날에 아주 옛날에
할아버지 할머니가 예쁜 시절에
하늘의 인연으로 서로 만나서
참사랑 꽃밭에 꽃씨를 심어서
예쁜 너희의 아빠 엄마가
참사랑 열매로 열렸네

엄마 아빠가 하늘의 인연으로
서로 서로 만나서 알콩달콩
참사랑 꽃씨를 심어서
예쁜 너희들이 참사랑 열매로
태어났단다

너희들도 이 다음 이 다음에
할아버지 할머니, 엄마 아빠처럼
하늘의 인연으로 참사랑 꽃밭에

참사랑 꽃씨를 심고 가꿔서
참사랑 열매 참 가정이 되거라
영원히 영원히…….

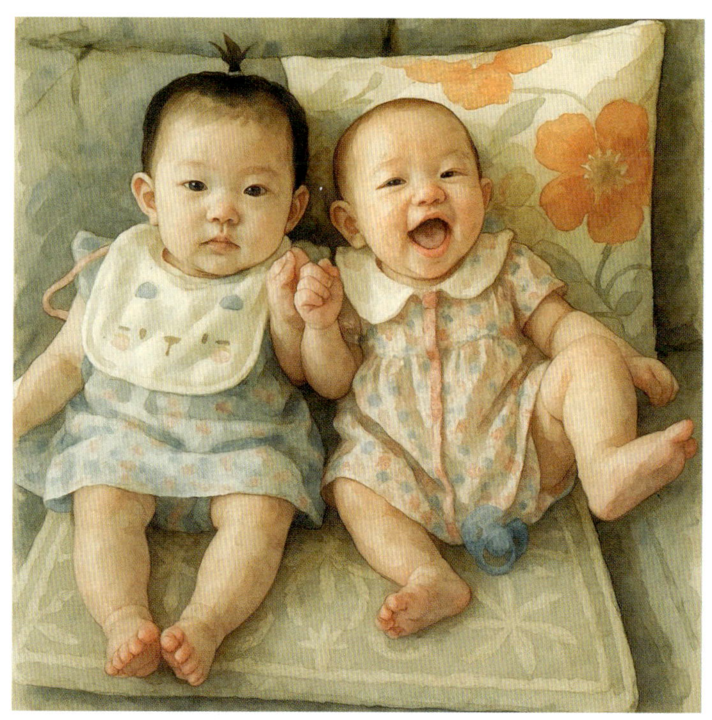

할아버지 눈사람

하늘에서 하얀 눈이
너울너울 춤을 추며 내려옵니다

'영차, 영차'
동글동글 눈덩이를 굴려서
큰할아버지 눈사람을 만들자

솔잎 눈썹 붙이고 솔방울 곰방대에
밀짚모자 눌러쓴 눈사람을 만들자

눈 할아버지 추우면 어쩌나
빨간 목도리 둘러드리자

와! 눈사람 할아버지다
우리 멋쟁이 할아버지 만세!

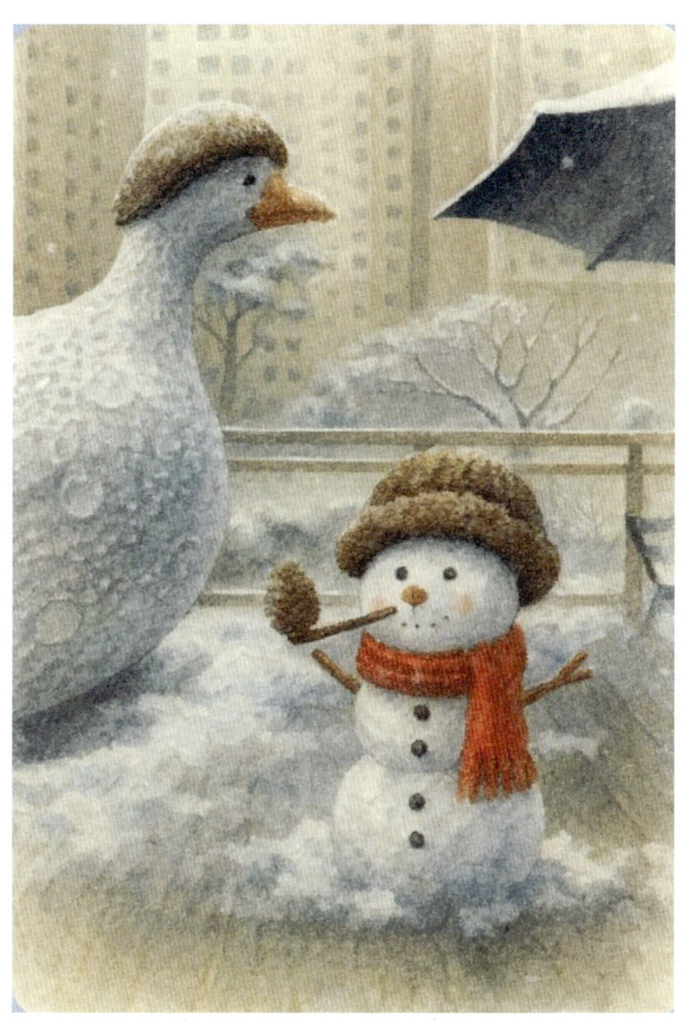

너희들이 보약

겨울 해가 기울어 집에 온 할머니
아이구, 팔 다리 허리야
밤새 잠 못 들고 뒤척이는 밤

아침 해를 깨우며 벌떡 일어나며
팔 다리 허리가 언제 아팠더냐
손녀들 생각에 할머니는 달려간다

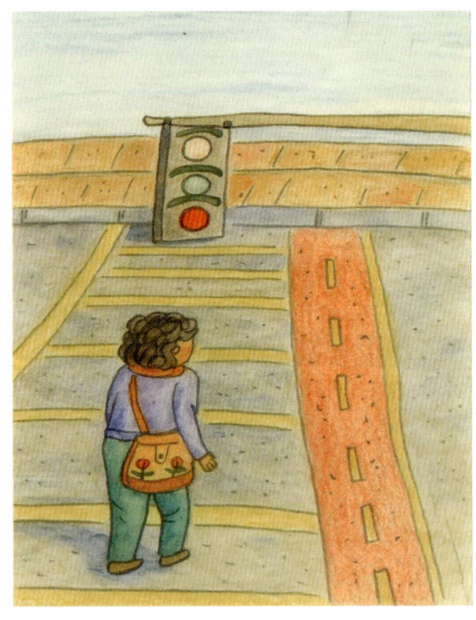

마음은 달려가고
몸은 뒤뚱뒤뚱 오
리걸음
횡단보도 빨간 등
이 너무 길다

귀여운 내 아기들
너희들이   할머니
의 보약이다
할머니는 달려간다.

4부
할머니는 달려간다

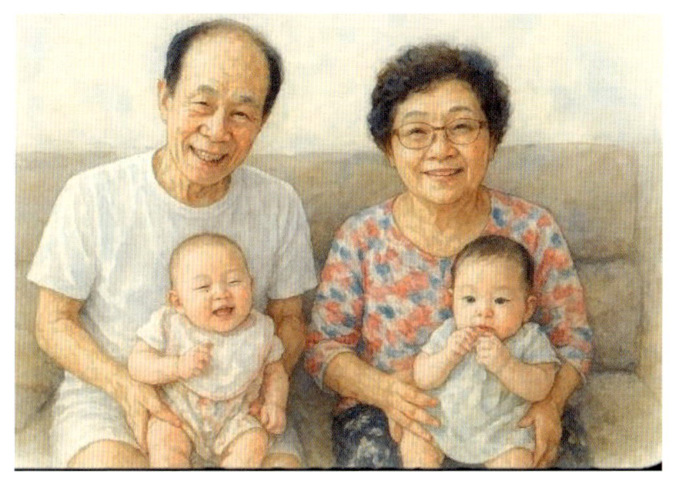

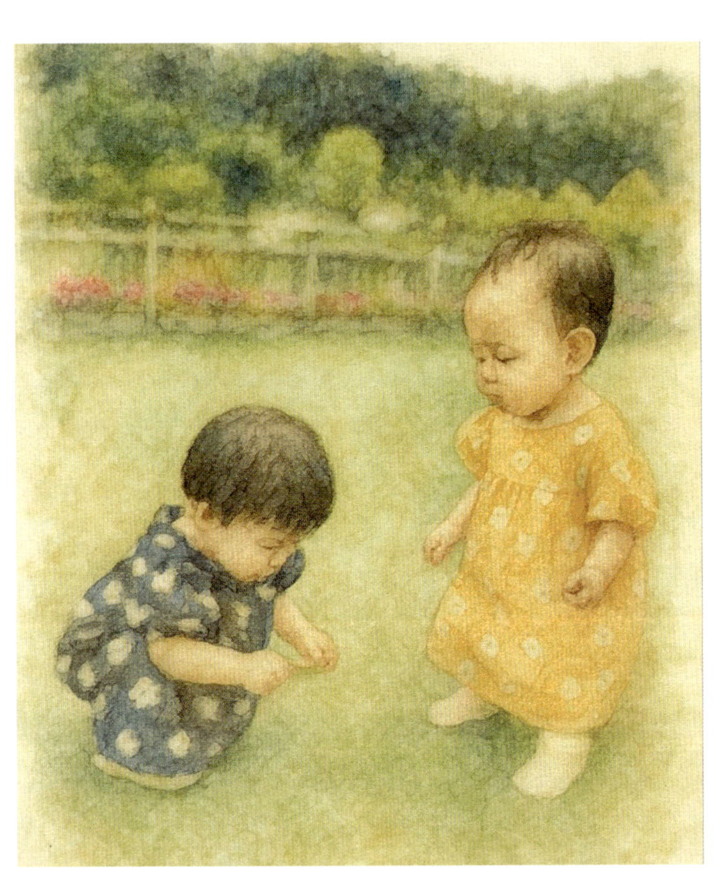

봄길

아가야 봄 길로 꽃구경 가자
아장아장 걸어서 꽃구경 가자
길가에 민들레 노랗게 피고
종달새 노래하는 들길로 가자
아가야 손잡고 봄맞이 가자
사뿐사뿐 걸어서 봄맞이 가자
앞 냇가에 송사리 떼 헤엄을 치고
버들잎 피어나는 갯가로 나가자.

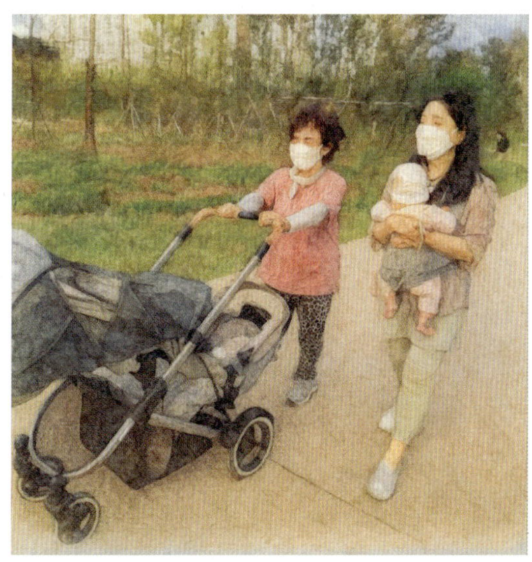

카톡에서

오늘도 손녀들
보고 싶고 궁금한 마음
카톡이라도 오려나 바람으로
핸드폰 소리에 귀를 세우며
일을 하다가
'카톡콤인 카톡콤인' 반가운 울림

옥진이가 먼저 깨어 일어나
아침에 떠오르는 햇살처럼
활짝 웃는 모습을 본다
너무너무 예쁘고 귀여운 것이
날로 커가는 대견한 모습

옥진이 '빠빠빠' 웃음소리에
연진이도 부스스 잠에서 깨어
눈 비비며 일어나는 귀여운 얼굴

예쁘고 사랑스럽다

언니 동생 마주보며 나누는 웃음
예쁘고 귀여워
가슴 벅찬 기쁨

손녀 둘이 날로 날로 커가는 모습
볼수록 대견하고 흐뭇한 기쁨
내 사랑 보배들
무럭무럭 자라나서 튼실해져라.

2021. 1. 4. 오후 카톡에서

긴 하루

초롱초롱 호수처럼 맑고 깊은
까만 눈동자의 귀염둥이들
꼭 찍어 붙인 듯 오뚝한 콧날
오물오물 옹알대는 별 꽃잎 입술
연분홍 앵두 같은 도톰한 두 볼
일을 하면서도 눈에 아른아른

귀염 동이 금동이 보배 동이들
너희들 만나는 기쁜 생각에
할아버지의 일하는 하루의 해가
엄청 길게만 느껴진단다
이 시간 잘들 놀고 있느냐?
우리 보배동이들

우리는 자매

전에는 쌍둥이가
얼굴이 마주쳐도
남처럼 무관심이더니

생후 6개월이 되니 요즘은
옆에서 웃는 소리 우는 소리에

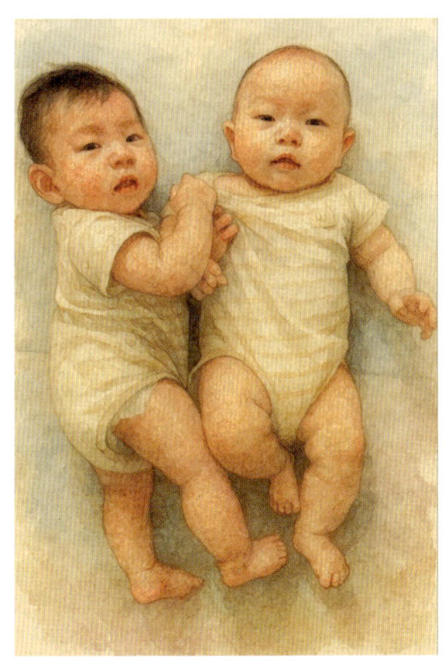

서로 바라보며 관심을 보이고
서로 가까워지면 손을 뻗어 만지며
둘 만이 통하는 대화로 옹알옹알

'동생아,
나는 너의 언니야   반갑다'
'언니야 나도 반가워 !
우리들은 자매, 사이 좋게 자라자!'

이런 대화를   하겠지?
그래, 너희들은 쌍둥이 자매
서로서로 손잡고 건강하게 크거라!
나의 두 손녀들 파이팅이다!

자장가

자장자장 자아장 우리 아가 잘 자라
우리 아가 예쁜 아가, 금동이 보배 동이
낮에는 동무들과 소꿉놀이 즐거워라
길가에 꽃들과 꽃 이야기 즐거워라
엄마 품에 쌔근쌔근 은하수 잠을 잔다
소록소록 잘도 잔다

자장자장 자아장 우리 아가 잘 자라
우리 아가 예쁜 아가 복동이 착한 동이
밤에는 달님과 그림자놀이 즐겨라
은하수 아기별과 별 이야기도 즐겨라
엄마 품에 쌔근쌔근 무지개 꿈꾼다
소록소록 잘도 잔다.

할머니는 달려간다

새벽이 밝아오는 어둑한 새벽
할머니는 촛불 들고
기도드리기
손자손녀 내려주시라고
졸라대기 몇 날 몇 해였던가

하나님도 지극정성에 감동하시어
두 배로 선물을 내려주셨네
얼마나 은혜로우신 감동의 축복인가
감사! 감사! 두 배로 감사 올리네

오늘도 아침 일찍 손녀 보러가는 길
빨간 신호등이 너무나 길어
해님도 벙글벙글 웃고 따르는
할머니 손녀들 보러 가는 길

떼쟁이들

출생 7개월, 어제까지는
안아 달라 칭얼거리면
안아주며 '올롤롤 까꿍' 얼러주었는데

요즘은 안아 주면
일어나라 다리를 버둥거리며
어깨를 들썩들썩 흔들어대고
자라는 만큼 꾀도 자란다

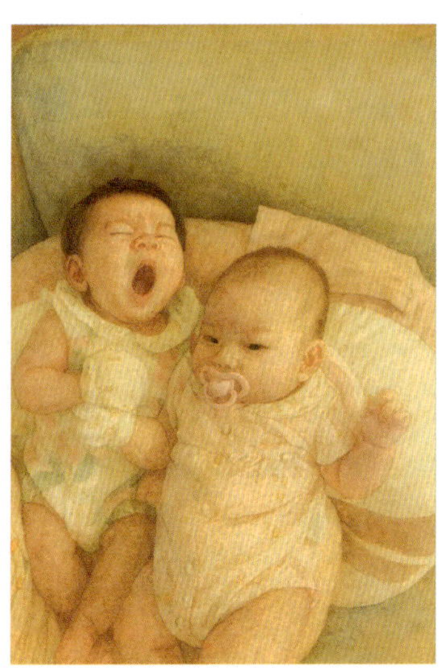

이제는 안아주면 으레 일어나려니
눈을 바라보며 신호 보내고
밖으로 나가자고 몸짓에 눈짓

할머니 팔 다리를 휘청거리며
그래도 끙끙대며 보듬는 사랑
천금 같은 손녀들 품속의 보배

그네

‘영차!’
아빠가 밀어주는 그네를 타고
앞으로 높이 제비같이 날아오르고
뒤로 다시 굴러서 나비같이 오르고
제비처럼 높이 나는 재미있는 그네 타기

‘영차!’
아빠가 밀어주는 그네를 타고
앞으로 오르면 우리 집 지붕이 보이고
뒤로 굴러 오르면 학교 지붕이 보여요
앞으로 높이 솟아라 뒤로 높이 올라라
제비처럼 나비처럼 즐거운 그네 타기

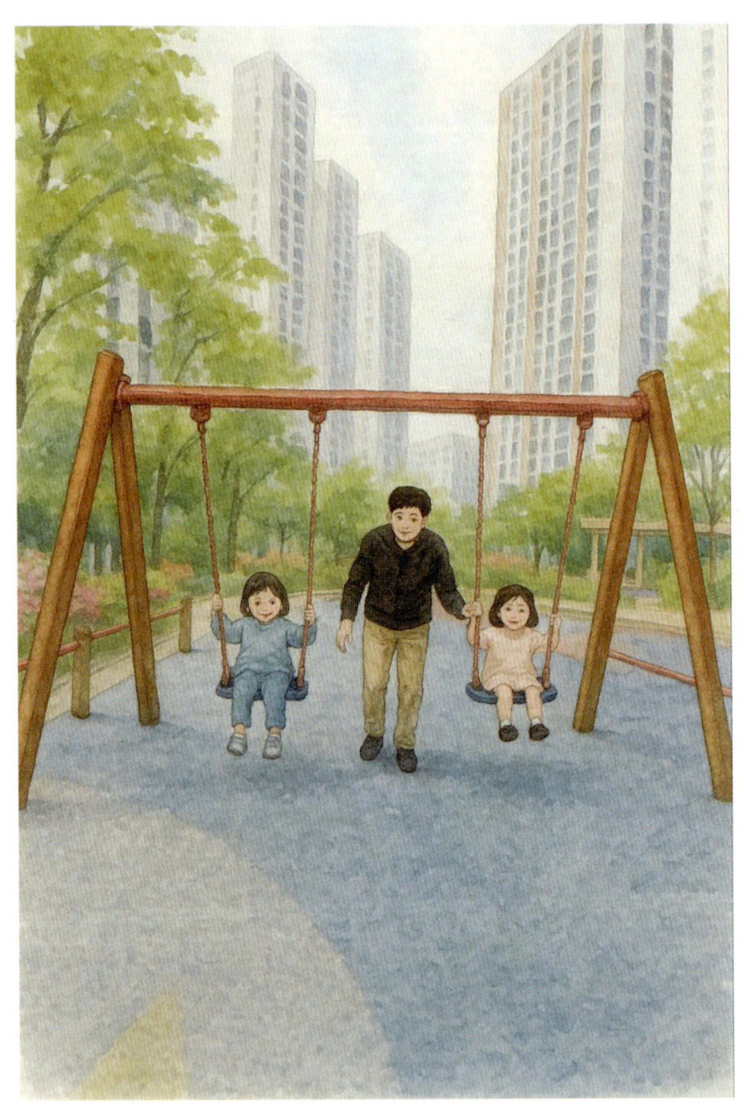

사랑 한 알 정 한 알

할아버지가 손녀에게
'아-' 입 안에 쏙
강냉이 한 알 넣어주면
맛있다며 '냠냠냠'
사랑 한 알, 강냉이 한 알

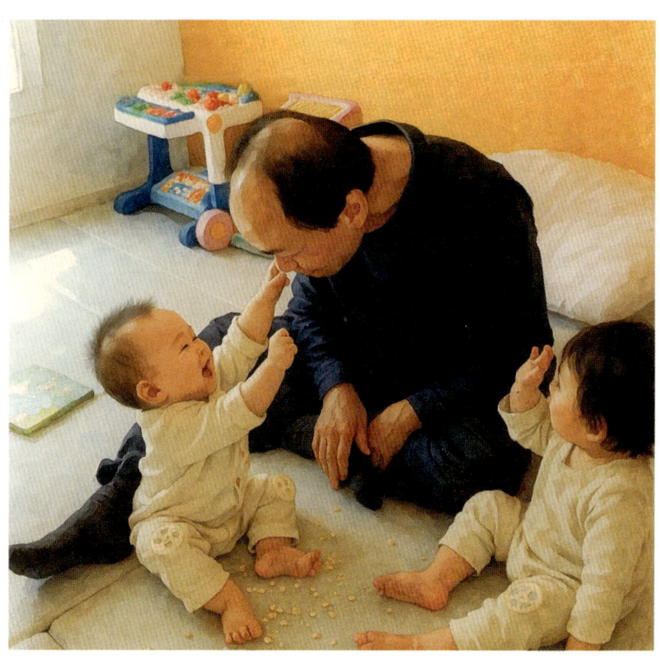

손녀가 할아버지에게
'아-' 입안에 쏙
맛있다고 '냠냠냠'
사랑 한 알 강냉이 한 알

할아버지 사랑 한 알
손녀의 사랑 한 알
'냠냠냠' '얌얌얌'

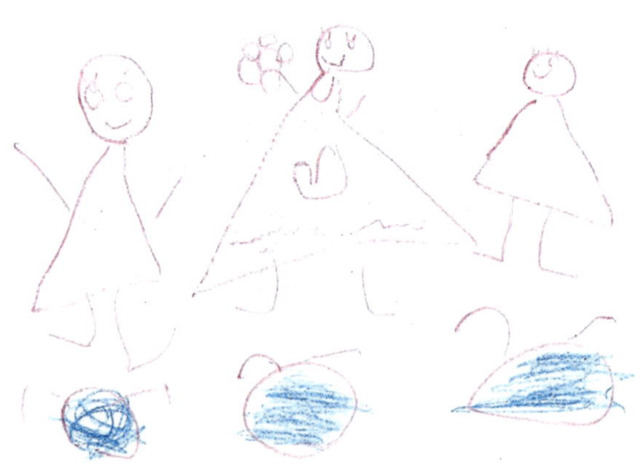

포로

너희들을 바라보노라면
깊고 맑은 두 눈동자
옹알옹알 동그란 예쁜 입술
엄마 버선코 오뚝한 콧날
해맑고 천진한 동그란 웃음
아빠 마음은
너희의
포로가 된다

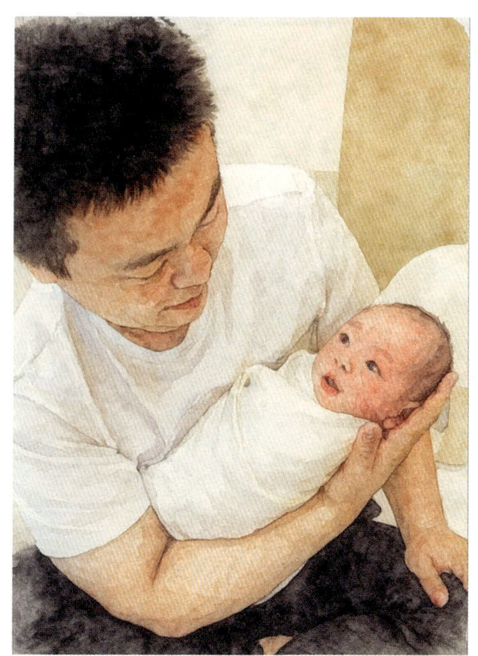

사진 찍기

손녀들의 귀여운 모습들
사진에 담으려고 카메라를 꺼내 들면
자기들이 찍겠다며 달려들어
카메라 빼앗기 안 뺏기기 쟁탈전이다

탈취전과 방어전 끝에
'휘-이' 하늘 위로 날리는 시늉
'없다' 빈손을 펴 보이면
손의 표정을 보고 등 뒤로 돌아가며
찾아내려 달려드는 손녀들

벌써 눈치 백단
손녀들의 추억 사진 찍기는
또 실패다

즐거운 우리 집

초저녁
둥근 달이 거실에 비칠 때면
우리 집 식구들은 한자리에
웃음꽃이 피어난다

내 동생은 뒤뚱뒤뚱 오리걸음
자기 그림자 잡으러가다

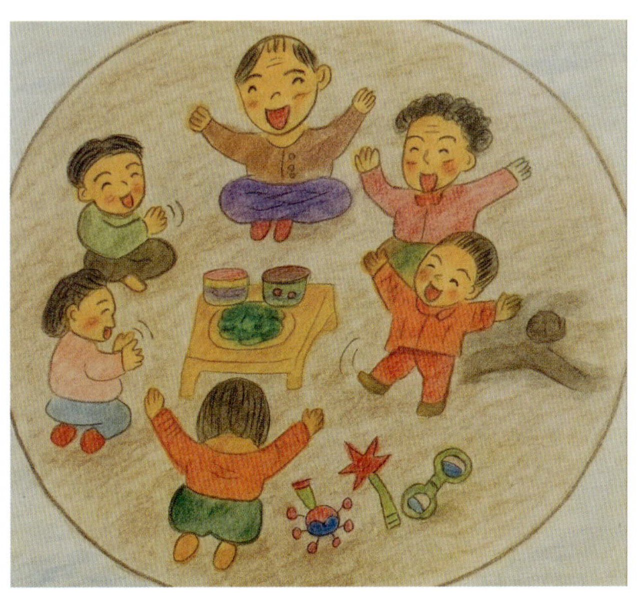

엉덩방아 쿵 찧으면
할아버지는 허허허 할머니 호호호
아빠는 '잘 한다 잘 한다' 응원 박수
엄마도 따라서 호호호

나는 할머니 무릎에 앉아
'잘한다 잘 한다, 힘내라 힘'
온 식구가 둘러앉아 왁자지껄
응원의 박수를 보내며
웃음꽃이 활짝 피는 우리 집.

더 즐겁고 행복한 것을!

퇴근하기가 바쁘게 달려간다
걸어서 30분, 자전거로 5분 거리
1초라도 빨리 보고 싶은 마음
자전거 페달을 열심히 밟는다
아파트 네 불럭 사거리 신호등
이럴 땐 참으로 길게 느껴지는
멈춤의 빨간 신호등이 길다

손녀들 현관문 키 찍는 소리에
현관문 쪽으로 시선이 집중
얼굴이 보이면 와르르 달려와
내 가슴에 덥석 안긴다
이런 기쁨에 자전거 페달을
열심히 밟아 달려간다

봄맞이

아가야 손잡고 봄 길로 가자
아지랑이 너울너울 춤추며 오르고
민들레 제비꽃 곱게 피어 웃는 길
아장아장 걸어서 봄 길로 가자

아가야 손잡고 봄맞이 가자
첫째야 둘째야 들길로 가자

햇빛 쏟아지는 파란 대지 위
하늘에는 새들 날며 즐거운 노래
냇가엔 송사리 떼 즐거이 헤엄치는
아가야 들길로 봄맞이 가자.

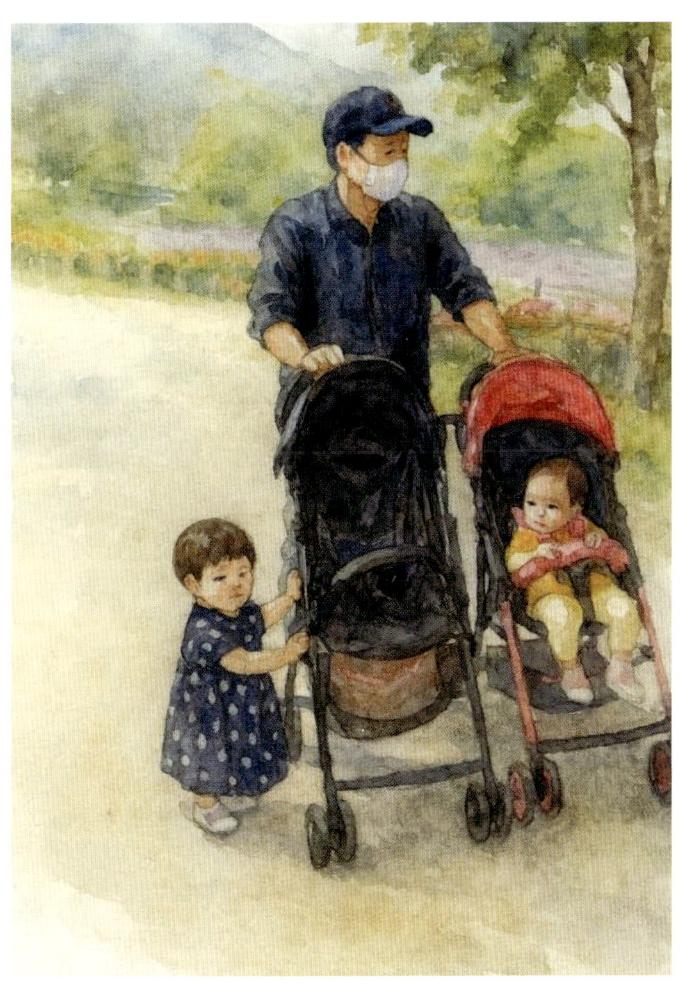

본성

첫돌이 가까운 손녀들
안고 일어서라 졸라댄다
이제는 장난감도 마다하며
싫증이 난 듯
새로운 것에 호기심이 많아졌다

벽에 걸린 그림, 선반 위의 물건을
엄마가 냉장고 문을 열면
만져 보고 싶어서 달려든다
보이는 것에 관심이 많아졌다

이제는 하루하루가 지나면서
사물을 관심으로 대하는 것을 보며
성장하는 모습
참으로 신비롭고 놀랍다

부모 마음

막 첫 돌이 된 두 손녀들
뒤뚱뒤뚱 엉덩방아 찧으면서도
온 집안 구석구석 낯선 물건들 찾아다니며
무엇이든 손에 잡히면 입으로 넣는다
그래서 손닿는 물건들을 감추고 치우고
높이 올려놓는다
가구 모서리에
부딪칠까
안전 접착제로
붙이고 감싸며
이만저만이
조심이 아니다
얼마 전에도
책꽂이 앞에
놓아둔

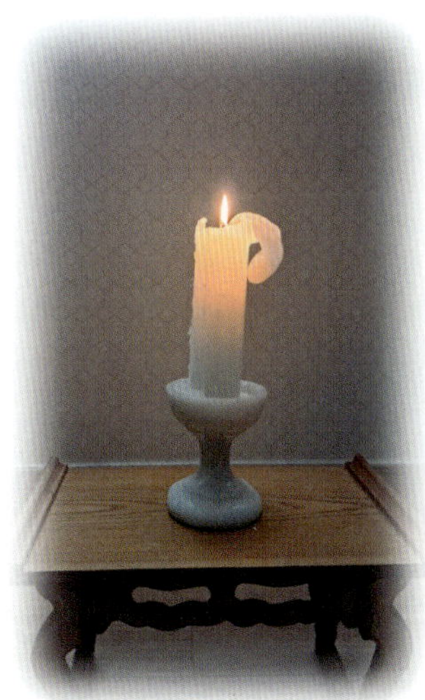

까만 수석(水石)을 잡아당겨 발등에 떨어져
병원에 간다며 야단났었다

그 야단이 있은 후 새벽 잠결에 문득
서랍장이 생각났다
당겨 열고 닫고 위에 올라서면
중심이 앞으로 쏠려 안고 넘어지면
큰일이란 생각에
급한 마음에 애들 집에 전화를 해야겠다 싶어
시계를 보니 새벽 두 시다

한참 곤히 잠든 밤에 전화 걸 수도 없어
내일 일러주리라 마음을 먹고
다시 잠을 청한다

이런 조급한 생각들이 부모의 마음인가?
아니면 노인네의 지나친 노파심일까?
생각해 본다

내 동생

갓 태어난 내 동생
언니가 귀여워 안아주며
까꿍까꿍 얼러주면

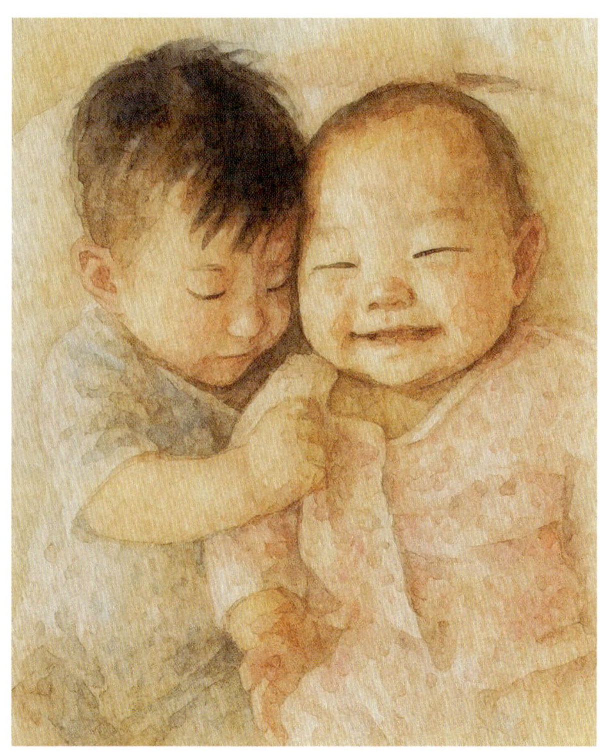

손발을 높이 들어 휘휘 저으며
방글방글 웃는 얼굴
꽃같이 예뻐요
정말 예뻐요

돌 지난 내 동생
언니가 즐겁게 놀아주며
걸음마 용타용타 손잡아주고
하나 둘 하나 둘 응원
귀여워했는데,
이제는
내 것도 뺏으러 달려들어요.

감사 감사

'하하하' '허허허'
웃음이 어깨춤이 절로 난다

'보고' 또 '보고'
카톡 속의 얼굴들

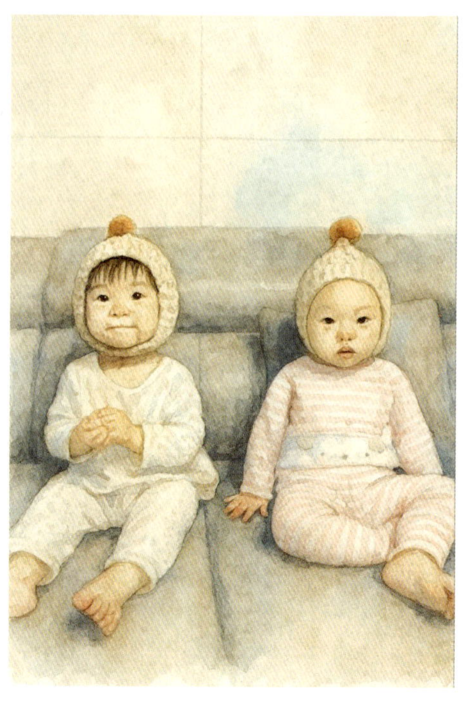

‘흥얼 흥얼’
콧노래가 절로절로 나오네

하나님 감사합니다
조상님 감사합니다

두 손녀들을 내려주심에
감사 감사 합니다

2020. 5. 07 오후
외손녀 보던 날.

기다림

오늘은 금요일,
손녀들은 토요일 일요일은
저희 아빠 엄마와 같이 있는 날

못 만나는 날들의 기다림은
너무 아쉬운 긴 시간들이다

초롱초롱 까만 눈들
방글 방글 동그란 모습들
눈에 아른아른 선하다.

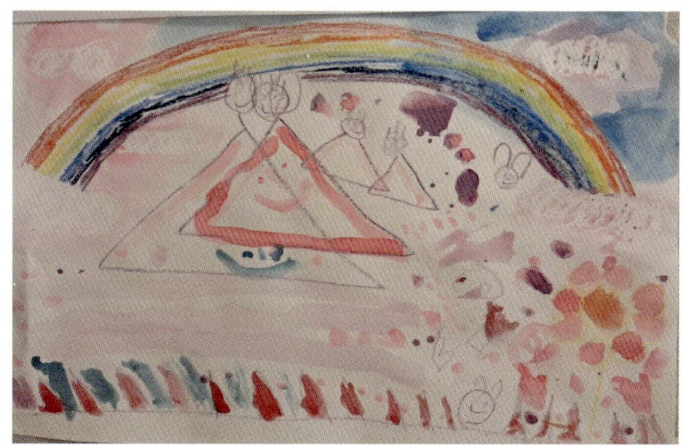

90살 까지만

그 토록 간절히 소망하던 날들
남들 다 누리는 삶의 행복들
일구월심 가슴 여미고 고이고이
우리 부부 촛불로 어둠을 열어
간구하던 수십 성상들

지성이면 하늘도 살피신다고
큰 축복으로 우리에게 내리셨네
두 배의 쌍둥이 은사를 주셨네
감사합니다! 감사합니다!
얼마나 소원하던 간절한 날들

기왕의 내리신 은혜
우리 노부부 더 바램은
유치원에도, 초등학교에도
정문 앞까지 같이 가주고

하교 길도 같이하게 하소서
한, 90세 까지만
같이하게 하소서!

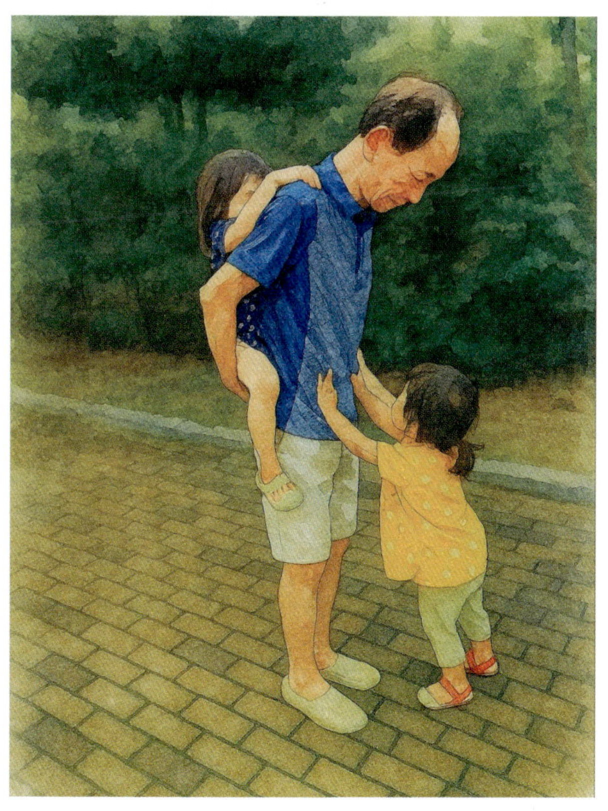

동그라미 미소

깊은 산속 옹달샘
동글동글 동그란 미소

따뜻한 해님 금빛 햇살
번쩍번쩍 동그란 미소

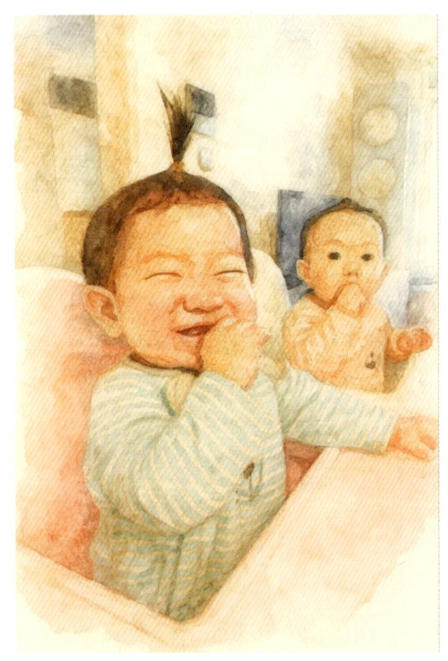

까만 밤하늘의 달님
방실방실 동그란 미소

모두모두 누구를 닮았나
동그란 웃음들...
우리 손녀를 닮았지.

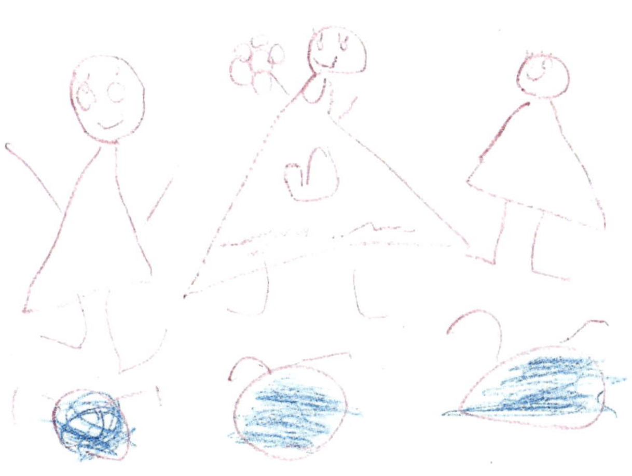

인생 큰 선물

손녀들로 받은 **큰 선물**

보석보다 귀한 것

'하부지' '하모니'

불러주는 큰 이름

* 손녀들이 말을 배우면서 부른
'하부지' (할아버지) '하모니' (할머니)

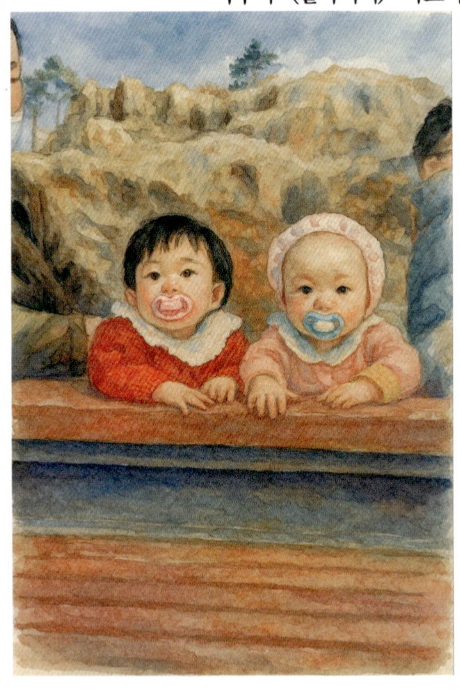

유치원 가는 길

엄마가
예쁜 옷 입혀주고
머리도 곱게 빗어 묶어주고
예쁜 머리핀도 꽂아주면

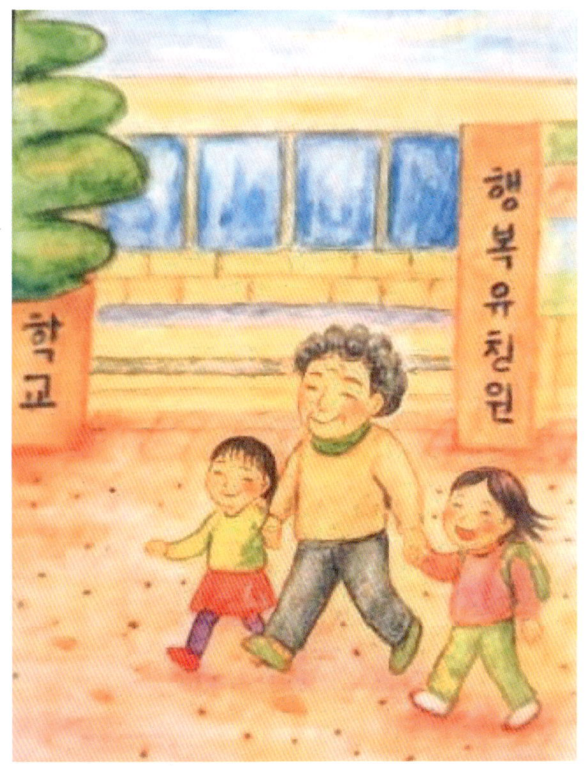

가방을 둘러메고 랄랄라……
즐겁게 유치원을 갑니다

벚꽃 핀 아침 길엔
새들이 즐겁게 노래하고
풀잎의 이슬도 반짝반짝 빛나고
할머니 양손을 동생과 잡고
유치원 가는 길은 언제나
신나고 즐거워

사랑하는 손녀들아

내 사랑하는 손녀들아
가끔은
높고 푸른 하늘을 보아라
하늘은 우리 머리며 꿈이며 이상이란다

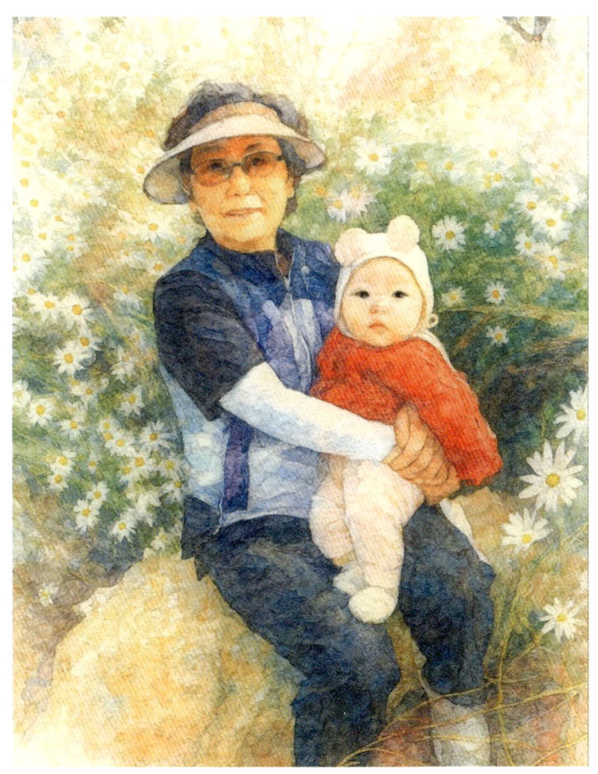

내 사랑하는 손녀들아
가끔은
땅을 힘차게 밟아 보아라
영원한 생명과 진리의 땅이란다

내 사랑하는 손녀들아
가끔은
세상을 둘러보아라
사랑과 평화의 이웃들이란다

바다 이야기

바다가 출렁출렁 춤을 추어요
갈매기 노래하며 즐겁게 날고
아빠와 토닥토닥 모래집 지어요

엄마 아빠 큰 방
우리 방은 작은 방

동생은 엄마와 소꿉놀이 즐겨요
조개껍질 소복이 모래 밥 짓고
미역 따서 맛있는 반찬 차리고
파라솔 그늘 아래 즐거운 식사
갈매기 조개들 소곤소곤 속삭임
파도 소리 들리는 바다 이야기

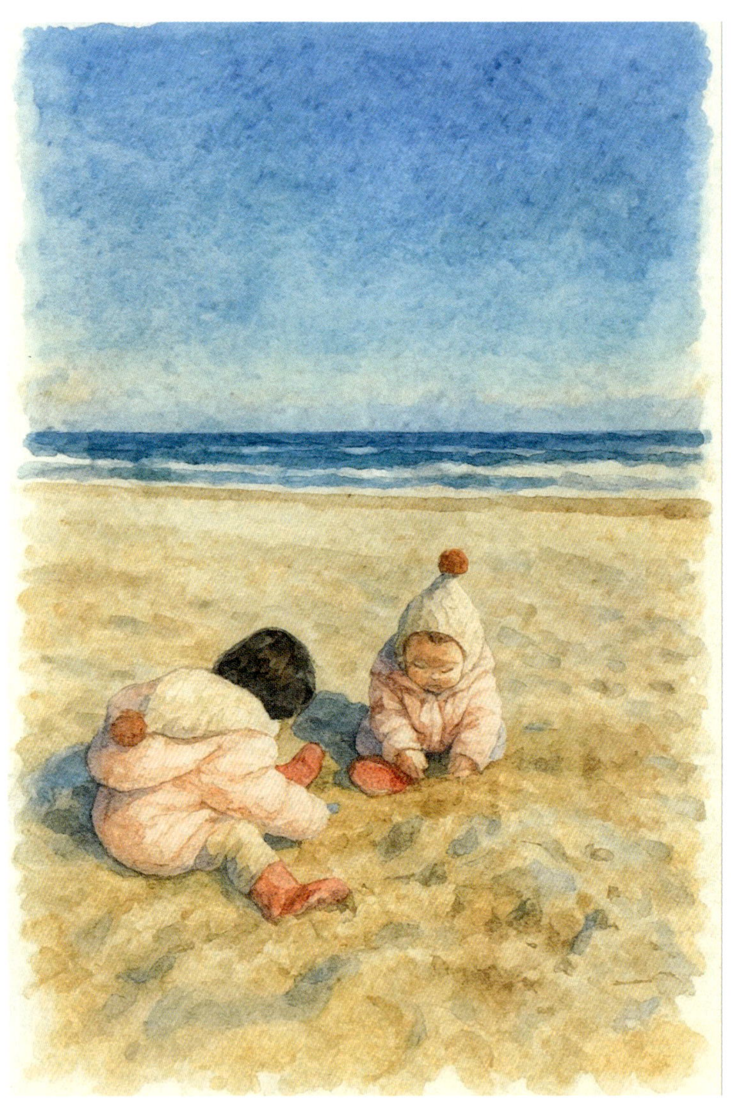

손녀들아

내가 사랑하는 손녀들아
가끔은
높고 푸른 하늘을 보아라
우리의 머리요 꿈이요 이상이란다

사랑하는 내 손녀들아
가끔은
땅을 힘차게 밟아 보아라
무한대의 생명의 원천이란다

내 사랑하는 손녀들아
가끔은
세상을 살펴보아라
사랑과 평화의 동행자란다

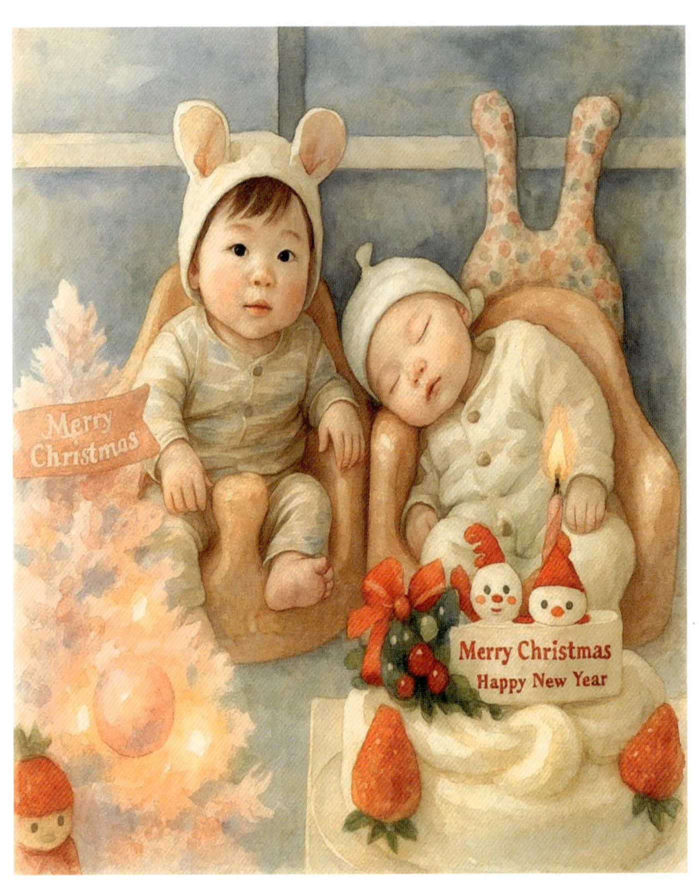

Merry Christmas
Merry Christmas
Happy New Year

인생 큰 선물

손녀들로 받은 큰 선물
보석보다 귀한 것
'하부지' '하모니'
큰 이름표

 * 손녀들이
말을 배우면서 부른
'하부지'(할아버지)
'하모니'(할머니)

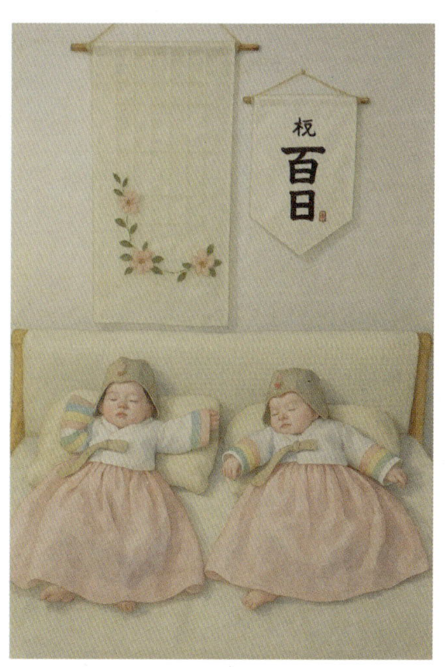

책을 펴내고

막내딸이 좀 늦은 출산을 하게 되면서 친정인 우리 집으로 오게 되었다.

그간 소식이 없어서 우리 노부부는 새벽을 깨우며 일구월심 학수고대 하늘의 은총을 바라며 기도를 드려 왔다.

'지성이면 감천'이란 말이 있듯이 하늘은 쌍 태아 예쁜 손녀들을 축복의 은혜로 내리셨다. 갓 출생한 손녀들을 가까이서 지켜보며 이 작은 얼굴에 빈짝인 느 까만 두 눈동자가 어찌 그리 빛나고 예뻤던지 참으로 신기하게도 했다,

작은 코는 마치 송편을 꼭 빚어 붙인 듯 반듯하고, 양 볼은 잘 익어 발그스름한 앵두 같고, 두 귀는 표주박을 붙인 듯 앙증맞게 예쁜 예술 조각 작품이다.

외할머니는 사랑의 손길로 산모와 아기들을 보살피기에 분주했다.

콜콜 자던 한 아이가 깨어 울면 옆에 자던 아기도

같이 깨어 합창하듯 울어 주었다. 서로 말은 못해도 자매인 것을 알고 자기들만이 통하는 대화가 있는 듯하다.

아기들이 '응아응아' 울면 '오라, 우리 아가들 배고 프다고?' 하며 할머니가 우유를 물려주면 이내 조용해졌다.

두세 시간 자고 나서 또 '응아응아' 깨어 울면,

'오라, 우리 보배들 쉬- 했다'고! 이때 귀저기 가져 오는 일은 당연히 내 몫이 되었다.

두세 시간 후 또 다시 울면 할머니는 '알았어요, 안아달라고? 우리 보배들 안아 줘야지.'

이런 때는 손녀들이 둘이니, 두 사람이 필요하여 자동적으로 할아버지도 한 몫을 했다.

아기들은 항상 정확한 시간에 먹고, 자고, 쉬하고, 일정한 스케줄로 자기의 생존을 관리하는 것을 보면, 조물주께서는 참으로 정확한 수치이신 수학자시고, 과학자시고, 예능적인 예술가시구나! 놀랍고 위대하 신 창조주이신 것을 깨닫게 된다.

할머니도 이제는 칠십 중반의 고령이다 보니 아이

를 돌본다는 것이 힘에 부치는 듯하다.

그래서 오후에는 조카들을 끔찍이 사랑하는 이모가 학교에서 퇴근하면서 바로 애들 집으로 가서 할머니(엄마)와 임무 교대를 해주고, 이모는 애들 아빠가 직장에서 퇴근하면 임무 인계를 하고 집으로 간다.

집에 돌아온 할머니는 이제부터가 18번 노래가 시작된다.

"아이고 팔이야, 허리야, 어깨야……."

이때 할배는 항상 할머니의 안마사가 된다.

그러나 다음날 할머니는 날이 밝기가 무섭게 '내가 언제 팔 다리 허리가 아팠냐'는 듯 간밤의 일은 잊은 채 귀여운 손녀들을 향해 달려간다.

마음은 달려가지만 몸은 뒤뚱뒤뚱 오리걸음이다. 그렇게 반복되는 일상을 지내면서 놀랍게도 쌍둥이가 웃고 뛰며 이리저리 부딪치고 뒤집더니 눈 깜짝할 새 일어나 앉고 아장아장 걸음마를 떼고, 재롱부리며 자란다. 그 모습을 곁에서 지켜보면서 한 편 두 편 메모한 변변치 못한 시가 60여 편이 넘어 출판을 하게 되었다.

이 다음에 손녀들이 학교에 가고 글을 배우고, 때가 되면 자기들의 이야기를 돌아보며 할아버지의 사랑을 알게 되리라…….

할아버지 할머니는 너희들을 이토록 예뻐하고 사랑하며 곁을 지켰단다.

너희에게 아기 때의 이야기를 해주고 싶어서 '할아버지 할머니의 손녀들 이야기'라는 표제로 책을 내게 되었다.

출판은 일가이신 아동문학가로 도서출판 한글을 운영하시는 심혁창 대표님의 깊은 배려에 감사를 드립니다.

2025. 9. 5

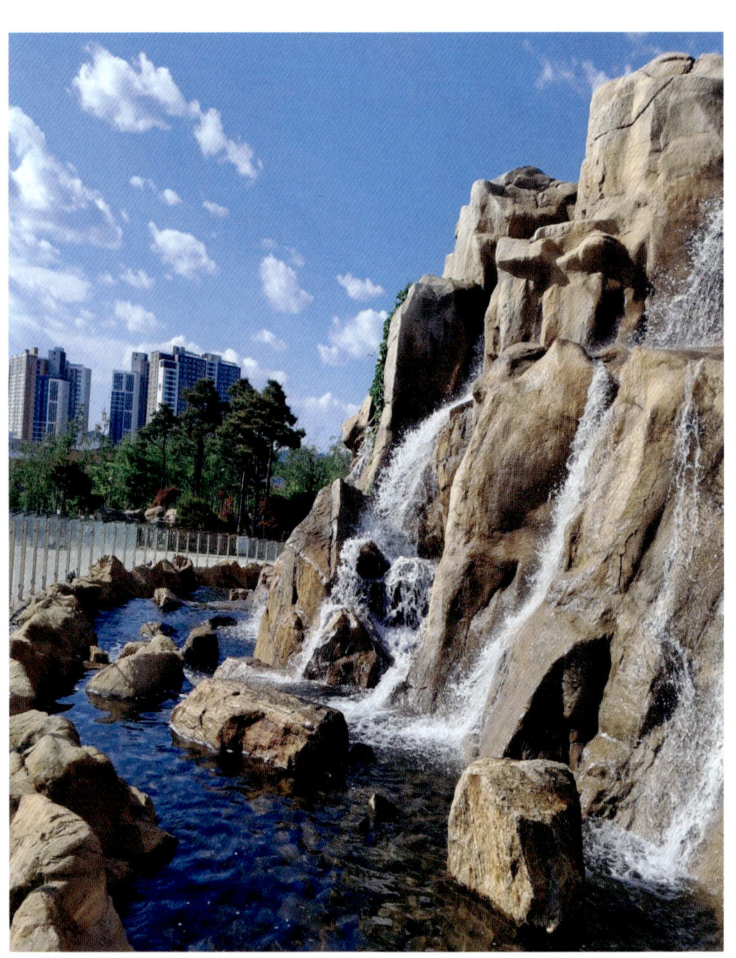

손녀들 이야기

2025년 10월 25일 1판 1쇄 인쇄
2025년 10월 30일 1판 1쇄 발행
저　　자　심현남
발 행 인　심혁창
디 자 인　박성덕
인　　쇄　김영배
마 케 팅　정기영
펴 낸 곳　도서출판 한글
우편 04116
서울특별시 마포구 신촌로 270(아현동) 수창빌딩 903호
☎ 02-363-0301 / FAX 362-8635
E-mail : simsazang@daum.net
창　　업 1980. 2. 20.
이전신고 제2018-000182

* 파본은 교환해 드립니다.
* 정가 15,000원

ISBN 978-89-7073-649-5-(83190)